手绘中国
SHOUHUIZHONGGUO

淄博城事绘

ZIBO CHENG SHI HUI

马达 著

手绘淄博

青岛出版集团 | 青岛出版社

图书在版编目（CIP）数据

淄博城事绘 / 马达著. — 青岛 ： 青岛出版社，2019.9
ISBN 978-7-5552-8556-4

Ⅰ. ①淄… Ⅱ. ①马… Ⅲ. ①旅游指南—淄博市 Ⅳ. ①K928.952.3

中国版本图书馆CIP数据核字(2019)第185199号

ZIBO CHENG SHI HUI

书　　名　淄博城事绘
作　　者　马　达
插　　画　张亚宁　吕　宁　王贺年
书　　法　丁　帅　王平胜　王　欣
出版发行　青岛出版社（青岛市崂山区海尔路182号）
本社网址　http://www.qdpub.com
邮购电话　18613853563
策　　划　马克刚　张　晓
责任编辑　贺　林
特约编辑　李文峰　高文方　刘　欣　单晓旭　王美淇
装帧设计　蒋　晴
印　　刷　天津联城印刷有限公司
出版日期　2019年9月第1版　2023年4月第2次印刷
开　　本　16开（787mmx1092mm）
印　　张　12
字　　数　200千
书　　号　ISBN 978-7-5552-8556-4
定　　价　45.00元

编校印装质量、盗版监督服务电话　4006532017　0532-68068050

目录

第一章　白话淄博

第二章　淄博风俗

第三章　淄博景致

第四章　淄博物产

第五章　淄博情趣

第六章　风云人物

第一章 白话淄博

建制沿革

临淄（原为周代齐国国都营丘）

张店（又称黄桑店，原为昌国县）

高青（原为高苑县、青城县合称）

淄川（始称般阳县）

桓台（始称新城县）

博山（古称颜神镇）

沂源（为沂河之源， 1944年置县，隶属鲁中行政区）

周村（为百年商埠， 1945年置市，隶属渤海行政区）

远古时期，“沂源猿人”生活于淄博南部山区。

新石器时代，淄博地区先后存在后李文化、北辛文化、大汶口文化、龙山文化。

夏商时期，淄博地区有属国爽鸠氏、季蒯氏、逄伯陵、薄姑等古国，沂源地属“人方”。

西周时期，武王封太公姜尚于齐地，建立周代齐国，都治营丘。后齐献公因都城紧临淄水改称临淄。公元前489年，田氏代齐，田氏仍以“齐”作为国号，史称“田齐”。沂源先后属鲁国和纪国的浮莱邑和盖邑。高青先属鄋瞒国，公元前607年，齐王子城父打败长狄，灭鄋瞒国，高青复为齐地。

秦时，置昌国县，淄博地区主要属齐郡，颜神属济北郡嬴县，沂源属琅琊郡之莒县。

西汉初，刘邦沿用秦制，仍置临淄县，置般阳县。淄博地区主要属齐国（高祖封其子刘肥为齐王）。西汉中后期，主要地区改属齐郡和济南郡。沂源属兖州泰山郡盖县。高青名为阳县，治所今高城镇。

【秦汉以后，淄博地区属郡、属国、属州、属府、属道，历代更迭，没有形成统一的地方行政建置，仅有

隶属于不同郡、府、州的县。其中较完整的有临淄县、淄川县、桓台县和博山县。】

东汉、三国、西晋时，分属齐国（郡）和济南国（郡）。沂源属东莞郡之东莞县；高青部分地区先后属狄县、临济县、千乘县、高苑县地，属乐安郡。

隋时，属齐郡和北海郡。

唐时，属河南道的青州和淄州。唐初置淄川郡，高青地区为高苑县、邹平县地。

宋时，属京东东路的青州和淄州。

金时，临淄县属益都府，颜神属山东东路淄州淄川县，时称颜神店。张店隶属山东东西道宣慰司般阳路，为般阳路三镇（张店、金岭、颜神）之一。

元时，属山东东西道的般阳路和益都路。公元1228年，桓台置新城县，隶属济南总管府。

明清时，大部分属济南府和青州府，部分地区属武定府和沂州府。

公元1376年，升淄川县为淄川州。

公元1377年，又改为淄川县，属济南府。

公元1734年，建博山县，至清末均属青州府辖。

清沿明制，山东承宣布政使司青州府。

民国时期，淄博境内各地隶属关系多变。

1913年，境内各县分属岱北道、胶东道和岱南道。

1914年6月，岱北道改称济南道，岱南道改称济宁道。时境内淄川、桓台、博山县和今高青县属济南道；临淄县属胶东道；今沂源县大部属济宁道。

1925年，全省析4道为11道，淄川、桓台县属济南道；博山、临淄县属淄青道；今沂源县大部属琅琊道；今高青县大部分属武定道和淄青道。

1928年废道，各县均直隶于省 。

【“淄博”作为地域名称，是随着淄川、博山煤田的开发，于20世纪20年代初形成的，当时系对淄川、博山两地的简称。作为区域名称，是从1938年10月成立中共淄博特委时开始的。】

1945年8月15日，设鲁中行政公署淄博特区，设周村市建制，隶属渤海行署。

1947年7月，淄博特区与华东财政经济办事处工矿部合并，成立淄博工矿特区。

1948年3月，淄博全境解放。8月成立淄博特区。

1948年辖淄川、博山两县，张店、周村两市和博城、黑山、原山原山三区。

1949年7月，成立淄博工矿特区，辖淄川、博山两县，张店、周村、博山三市。

1950年5月，成立淄博专区，辖淄川、博山、临淄、桓台、长山、邹平、章丘、章历八县。

1950年11月，专区内又设立淄博、张周两市。

1953年7月，撤销淄博专区，设立淄博工矿特区（地级），专署驻淄博市。

1955年3月，撤销淄博工矿特区，设立淄博市（地级）；淄博成为继济南、青岛之后山东省第三座省辖市（地级市）。

1955年12月27日，山东省人委批准，于1956年2月，撤销昆仑、黑山、杨寨3个区，除将部分工矿区划归博山、洪山区外，其余地区和博山区、张店区的部分农村合并建立淄川区（一说：黑山并入博山，昆仑、杨寨合并组建淄川区）。淄博市辖博山、张店、周村、洪山、淄川5个区。

1957年12月25日，山东省人委批准，于1958年2月，撤销洪山区，其辖区并入淄川区。淄博市辖博山、张店、淄川、周村4个区。

1959年1月，淄博市与惠民专区合并组建淄博专区，淄博市改为专区辖市。

1961年1月，淄博市与惠民专区分设，恢复为省辖市。

1969年12月，临淄重新划入淄博市，设立临淄区，成为淄博第五个市辖区。

1983年10月，桓台重新划入淄博市。

1990年，高青、沂源划入淄博市。

1992年，国务院批准淄博市为“较大的市”，具有辖县权和地方立法权。

1996年，市政府驻张店，辖张店、博山、淄川、临淄、周村5区和桓台、高青、沂源3县。

2000年末，淄博市共辖5区（张店区、临淄区、淄川区、博山区、周村区）、3县（桓台县、高青县、沂源县）。

2003年7月4日，山东省政府批复同意将桓台县果里镇的闫高村、小官村、韩庙村、刘斜村、罗斜村、甘家村和周家镇的杨楼村、郭家村共8个村划归张店区石桥街道管辖。

沂源猿人：最早的山东大汉

沂源，八百里沂河的发源地，这里山水相间，气候宜人。早在远古时代，人们在这里遮风避雨，狩猎采摘，与野兽、疾病进行顽强的抗争，在物竞天择的自然规律下，延续生命，生生不息。他们就是沂源猿人。1981年的一天，沂源县文物普查小组来到了土门镇，听当地的兵哥哥说有一些化石出现在附近的崖洞内。随后考古队员在崖洞内发现了一些动物化石碎片。考古挖掘过程引来了不少群众的围观，其中一名群众提供了一个很重要的『瓜』——曾有人挖出过类似人头骨的骨头！文物普查队员心头一震，觉得这个消息非同小可，得赶紧去查看一番。

考古人员来到现场，发现了一块碗口粗的化石，待细致清理几个小时后，一块瓢形的化石显露出来。这的确是一块人类头骨化石，依然能够看到头骨内避的脑动脉切沟。这个古老的生命不知道在地下沉睡了多久，在这样一个机缘巧合下与现代人遇见了。

随后，经北京大学考古专家鉴定，这是旧石器时代的一件人类头骨化石。据考古学惯例，该化石的主人取名『沂源猿人』，生活在距今40多万年前，是山东地区已知的最早的远古人类。

沂源猿人的牙齿和骨骼比同时期的『北京猿人』更加粗大，所以说他个头高、体格壮、肩膀宽，是一位妥妥的山东大汉。同时，他的牙齿很健康，可能喜欢刷牙，可见这位山东大汉『粗中有细』。

沂源猿人：最早的山东大汉

沂源，八百里沂河的发源地，这里山水相间，气候宜人。早在远古时代，人们在这里遮风避雨、狩猎采摘，与野兽、疾病进行顽强的抗争，在物竞天择的自然规律下，延续生命，生生不息。他们就是沂源猿人。

1981年的一天，沂源县文物普查小组来到了土门镇，听当地的兵哥哥说，有一些化石出现在附近的崖洞内。随后，考古队员在崖洞内发现了一些动物化石碎片。考古挖掘过程引来了不少群众的围观，其中一名群众提供了一个很重要的“瓜”——曾有人挖出过类似人头骨的骨头！文物普查队员心头一震，觉得这个消息非同小可，得赶紧去查看一番。

考古人员来到现场，发现了一块碗口粗的化石，待细致清理几个小时后，一块瓢形的化石显露出来。这的确是一块人类头骨化石，依然能够看到头骨内壁的脑动脉切沟。这个古老的生命不知道在地下沉睡了多久，在这样一个机缘巧合下与现代人遇见了。

随后，经北京大学考古系专家鉴定，这是旧石器时代的一件人类头骨化石。据考古学惯例，该化石的主人取名“沂源猿人”，生活在距今40多万年前，是山东地区已知的最早的远古人类。

沂源猿人的牙齿和骨骼比同时期的“北京猿人”更加粗大，所以说他个头高、体格壮、肩膀宽，是一位妥妥的山东大汉。同时，他的牙齿很健康，可能喜欢剔牙，可见这位山东大汉“粗中有细”。

后李文化：祖先聪明又文明

后李文化是目前探知的新石器时代文化的源头，国最早被发现于淄博市临淄区齐陵街道的后李官村而得名。主要分布区域集中在山东泰沂山脉以北、小清河以南的冲积地带，年代为距今8500—7800年之间。

距今八千多年是什么概念？这个时期气候并不"友好"，冷岑岑的动植物也开始不"淡定"，经历着物竞天择的考验，这也让我们的祖先的生活变得举步维艰。环境迫使他们改变，他们大规模地从山区向平原迁徙，慢慢探索出农业种植的一套技术，并将野生动物驯化成家畜。

更让人钦佩的是，他们发明了"泥条盘筑法"的制陶工艺，学会了烧制圆底的红褐陶作为炊器，从而使后李文化成为"陶器之祖"。

变冷的天气使他们探索出遮风避雨、取暖的办法，这在后李文化发现的半地穴式房址、灰坑以及墓葬遗址中可见端倪。尤其是半地穴式房屋与现在山西窑洞的作用相仿，具有冬暖夏凉之妙。当然深入地下的部分不仅仅发挥了避暑避寒之效，还起到了躲避野兽的侵害的作用。从整个文明进程来看房屋的出现，标志着人类开始了定居生活，并在此基础上有了后来的聚落以及部族。

在新石器时代史前文化体系中，先有后李文化，才有北辛文化、大汶口文化以及龙山文化。如果说在旧石器时代，我们的祖先还生活在蒙昧之中，那么在后李文化阶段，我们的祖先已经相当聪明又"文明"了。

后李文化：祖先聪明又文明

后李文化是目前探知的新石器时代文化的源头，因最早被发现于淄博市临淄区齐陵街道的后李官村而得名，主要分布区域集中在山东泰沂山脉以北、小清河以南的冲积地带，年代为距今8500—7800年之间。

距今八千多年是什么概念？这个时期气候并不“友好”，冷岑岑的，动植物也开始不“淡定”，经历着物竞天择的考验，这也让我们的祖先的生活变得举步维艰。环境迫使他们改变，他们大规模地从山区向平原迁徙，慢慢探索出农业种植的一套技术，并将野生动物驯化成家畜。更让人钦佩的是，他们发明了“泥条盘筑法”的制陶工艺，学会了烧制圆底的红褐陶作为炊器，从而使后李文化成为“陶器之祖”。

变冷的天气使他们探索出遮风避雨、取暖的办法，这在后李文化发现的半地穴式房址、灰坑以及墓葬遗址中可见端倪。尤其是半地穴式房屋，与现在山西窑洞的作用相仿，具有冬暖夏凉之妙。当然，深入地下的部分不仅仅发挥了避暑避寒之效，还起到了躲避野兽的侵害的作用。从整个文明进程来看，房屋的出现，标志着人类开始了定居生活，并在此基础上有了后来的聚落以及部族。

在新石器时代史前文化体系中，先有后李文化，才有了北辛文化、大汶口文化以及龙山文化。如果说在旧石器时代，我们的祖先还生活在蒙昧之中，那么在后李文化阶段，我们的祖先已经相当聪明又“文明”了。

姜太公因俗简礼 收服齐地民心

公元前一〇五一年，姜太公因伐纣立下首功被封齐地。此事表面上看是莫大的奖励，但实际上是周武王靖边安国的一步妙招。当时齐地多国林立，实力强大，虽互有嫌隙却一致对外，殷商多次征伐皆未能征服。维为时已八十八岁的姜太公，为周朝打下天下后，尚未歇息就要动身前往齐地安邦保国。

得民心者得天下，姜太公心中早有盘算。齐地开化较早，民风尚武重仁，百姓虽尊敬仁德之君，但骨子里十分刚强，越是打压覆，越是反抗。正因如此，姜太公制定了因俗简礼的策略。齐地农业落后，但制造车船、冶金铸器等工艺先进。姜太公便制定政策巩固制造与冶金，绝不逼迫齐人重农；齐地民风彪悍，行事磊落直接，姜太公在保持周礼权威性的同时，为齐地量身打造了一款低配版的新制周礼。上到姜太公本人，下至每一级官员，统一履行依其众，合其亲，因其明，顺其常的管理策略。

姜太公在齐地治理有方，一方面，在短时间收服了民心，为周王朝除去了东夷忧患；另一方面，极大调动了齐地百姓的积极性，推动了齐地各领域的发展，为之后齐国崛起奠定了基础。

姜太公因俗简礼，收服齐地民心

公元前1051年，姜太公因伐纣立下首功被封齐地。此事表面上看是莫大的奖励，但实际上是周武王靖边安国的一步妙招。当时齐地多国林立，实力强大，虽互有嫌隙却一致对外，殷商多次征伐皆未能征服。难为时已八十八岁的姜太公，为周朝打下天下后，尚未歇息就要动身前往齐地安邦保国。

得民心者得天下，姜太公心中早有盘算。齐地开化较早，民风尚武重仁，百姓虽然尊敬仁德之君，但骨子里十分刚强，越是打压便越是反抗。正因如此，姜太公制定了“因俗简礼”的策略。齐地农业滞后，但制造车船、冶金铸器等工艺先进，姜太公便制定政策巩固制造与冶金，绝不逼迫齐人重农；齐地民风彪悍，行事磊落直接，姜太公在保持周礼权威性的同时，为齐地量身打造了一款“低配版”的新制周礼。上到姜太公本人，下至每一级官员，统一履行“敬其众，合其亲，因其明，顺其常”的管理策略。

齐地百姓本以为姜太公是来统治他们的，正憋着一股气要反抗。没想到，姜太公不仅尊重齐地习俗，顺应齐民要求，还帮助齐地发展，一时间众人感激涕零。除此之外，姜太公在用人方面还采用“举贤尚功”的择贤标准，只论才德不论亲疏。如此遴选官员，百姓十分信服，齐地也被治理得更加顺畅。

姜太公在齐地治理有方，一方面，在短时间收服了民心，为周王朝除去了东夷忧患；另一方面，极大地调动了齐地百姓的积极性，推动了齐地各领域的发展，为之后齐国崛起奠定了基础。

齐国故城遗址的瓦当

太公封齐之初，『地潟卤，人民寡』，经过八百余载的经营，临淄这座齐国都城最终成为『海岱之间一都会也』。齐国故城作为中国最大、保存最完整的先秦国都遗址之一，其宫殿建筑规模宏大，多『高堂华府』，从瓦当这个小物件中可见一斑。

齐国国力的强盛带来了城市的繁荣，瓦当的制作与使用集中在临淄城，在『高台榭，美宫室，以鸣得意』的春秋战国时代，齐国的宫殿建筑自然少不了瓦当而从郎家庄东周墓出土的漆器上可以看见齐故城房屋的建筑形象——上为屋瓦遮蔽，而非茅草。

齐国故城遗址出土的瓦当，从装饰上分为素面、纹饰以及文字瓦三类，其中纹饰瓦当最有意思。纹饰瓦当中以树木纹瓦当最为常见。瓦当主题普遍将树木或者变形的树木作为中轴，两侧配以写实风格的双兽、双鸟、双马等，并在图案中以抽象风格的卷云纹、太阳纹、网格纹等进行装点，组合方式多种多样。不同时期的齐瓦当风格有所变化，但是树木一直作为母题。可以推测在当时树木以其旺盛的生命力成为一种植物图腾而受到崇拜。《管子·权修》中有言：『一年之计，莫如树木；终身之计，莫如树人』。这也侧面说明了树在齐人心目中的地位。

齐国故城遗址的瓦当

太公封齐之初，“地潟卤，人民寡”。经过八百余载的经营，临淄这座齐国都城，最终成为“海岱之间一都会也”。齐国故城作为中国最大、保存最完整的先秦国都遗址之一，其宫殿建筑规模宏大，多“高堂华府”，从瓦当这个小物件中可见一斑。

齐国国力的强盛带来了城市的繁荣，瓦当的制作与使用集中在临淄城。在“高台榭，美宫室，以鸣得意”的春秋战国时代，齐国的宫殿建筑自然少不了瓦当。而从郎家庄东周墓出土的漆器上，可以看见齐故城房屋的建筑形象——上为屋瓦遮蔽，而非茅草。

齐国故城遗址出土的瓦当，从装饰上分为素面、纹饰以及文字瓦三类，其中纹饰瓦当最有意思。纹饰瓦当中以树木纹瓦当最为常见，瓦当主题普遍将树木或者变形的树木作为中轴，两侧配以写实风格的双兽、双鸟、双马等，并在图案中以抽象风格的卷云纹、太阳纹、网格纹等进行装点，组合方式多种多样。

不同时期的齐瓦当风格有所变化，但是树木一直作为母题。可以推测，在当时树木以其旺盛的生命力，成为一种植物图腾而受到崇拜。《管子·权修》中有言“一年之计，莫如树木；终身之计，莫如树人”，这也侧面说明树在齐人心目中的地位。

足球起源地——临淄

足球作为世界第一运动，其魅力和影响力毋庸置疑。无论你是不是球迷，肯定听说过那几个绿茵场上大名鼎鼎的名字：马拉多纳，罗纳尔多和贝克汉姆。但你知道足球的故乡是临淄吗？

足球在古代中国被称为"蹴鞠"，汉代的刘向曾记载"传言黄帝所作"，《战国策》和《史记》对蹴鞠有着最早和最明确的记载："临淄甚富而实，其民无不吹竽、鼓瑟、击筑、弹琴，斗鸡、走犬、六博、蹋鞠者。"由此可见，踢球和吹奏、击打、弹琴、斗鸡、赛狗、下棋一样，成为当时临淄人民喜闻乐见的娱乐活动。

汉朝时，具有强烈对抗性的蹴鞠成了军队操练的必备项目；到了唐宋时期，蹴鞠更像是一种表演。球场中间竖起两根长竹竿，中间拉上网，网中间的洞被称为"风流眼"。两支队伍需要做的就是轮流将球踢进风流眼。《水浒传》里的高俅，就凭借一身蹴鞠技巧获得宋徽宗的恩宠。这种踢球方式对抗性减弱，杂耍性更强，尤其考验脚上功夫。在不用手碰球不落地的情况下，穿过风流眼次数多者获胜。咦？怎么和排球的规则有点像？

足球起源地——临淄

足球作为世界第一运动，其魅力和影响力毋庸置疑。无论你是不是球迷，肯定听说过那几个绿茵场上大名鼎鼎的名字：马拉多纳、罗纳尔多和贝克汉姆。但你知道足球的故乡是临淄吗？

足球在古代中国被称为“蹴鞠”，汉代的刘向曾记载“传言黄帝所作”。《战国策》和《史记》对蹴鞠有着最早和最明确的记载：“临淄甚富而实，其民无不吹竽、鼓瑟、击筑、弹琴、斗鸡、走犬、六博、蹋鞠者。”由此可见，踢球和吹奏、击打、弹琴、斗鸡、赛狗、下棋一样，成为当时临淄人民喜闻乐见的娱乐活动。

汉朝时，具有强烈对抗性的蹴鞠成了军队操练的必备项目；到了唐宋时期，蹴鞠更像是一种表演。球场中间竖起两根长竹竿，中间拉上网，网中间的洞被称为“风流眼”。两支队伍需要做的就是轮流将球踢进风流眼。《水浒传》里的高俅，就凭借一身蹴鞠技巧获得宋徽宗的恩宠。这种踢球方式对抗性减弱，杂耍性更强，尤其考验脚上功夫。在不用手碰、球不落地的情况下，穿过风流眼次数多者获胜。咦？怎么和排球的规则有点像？

小贴士：

蹴鞠的花样动作被称为“解数”：转乾坤、燕归巢、斜插花、风摆荷、叶底桃、佛顶珠、双肩背月以及拐子流星等，是故有成语“浑身解数”。

齐桓公从『小白』到『大拿』

齐桓公是『春秋五霸』首霸，却不承想，如此叱咤风云的人物，却有个很可爱的名字——『小白』。没错，与现在很普遍的网络词语『小白』的写法一模一样。倘若两千多年前的齐桓公知道『小白』一词如此火爆，应该提前申请专利。

齐桓公初登台有理想、有抱负，可是怎么实现呢？他此时的确是『小白』——脑子里一片空白。但像他这样的『顶级领导』，最重要的不是精通每一个行当，而是要学会『驭人之术』，也就是『会管理』。

幸运的是，他遇到了管仲。齐桓公最后成为霸主，完成从『小白』到『大拿』的华丽变身，其核心竞争力在于管仲。管仲被尊称为『管子』，这位相国的一生值得大书特书。

最初，管仲是齐桓公势不两立的仇人。他最早辅佐的公子纠，与小白『夺嫡』的过程中，他差点把小白一箭射死。但是经过管仲好友鲍叔牙的游说，齐桓公竟然原谅了管仲且拜其为相，很诚恳地向他请教治国方略。不得不说，齐桓公这胸襟足以『撑船』了！

真应了那句话：『领导只要有胸怀、不怕下属不卖力』。管仲知恩图报，立下军令状：给我三十年时间，我让齐国称霸北方！当时齐国国情并不乐观，齐桓公心里也在打鼓，但是对管仲拿出了十二分的信任。只要是管仲建议的，自己就下令施行，绝不犹豫。于是俩人联手通过各种经济、军事、政治手段，割了一茬『韭菜』，最终在『葵丘会盟』上确立了霸主地位。

遗憾的是，齐桓公年老之时再次成了『小白』，因任用奸佞之人而死得很惨。

齐桓公从“小白”到“大拿”

齐桓公是“春秋五霸”首霸，却不承想，如此叱咤风云的人物，却有一个很可爱的名字——“小白”。没错，与现在很普遍的网络词语“小白”的写法一模一样。倘若两千多年前的齐桓公知道“小白”一词如此火爆，应该提前申请专利。

齐桓公初登台，有理想、有抱负，可是怎么实现呢？他此时的确是“小白”——脑子里一片空白。但像他这样的“顶级领导”，最重要的不是精通每一个行当，而是要学会“驭人之术”，也就是“会管理”。

幸运的是，他遇到了管仲。齐桓公最后成为霸主，完成从“小白”到“大拿”的华丽变身，其核心竞争力在于管仲。管仲被尊称为“管子”，这位相国的一生值得大书特书。最初，管仲是齐桓公势不两立的仇人。他最早辅佐的是公子纠，与小白“夺嫡”的过程中，他差点把小白一箭射死。但是经过管仲好友鲍叔牙的游说，齐桓公竟然原谅了管仲，且拜其为相，很诚恳地向他请教治国方略。不得不说，齐桓公这胸襟足以“撑船”了！

真应了那句话，“领导只要有胸怀，不怕下属不卖力”。管仲知恩图报，立下军令状：给我三十年时间，我让齐国称霸北方！当时，齐国国情并不乐观，齐桓公心里也在打鼓，但是对管仲拿出了十二分的信任。只要是管仲建议的，自己就下令施行，绝不犹豫。于是俩人联手，通过各种经济、军事、政治手段，割了一茬“韭菜”，最终在“葵丘会盟”上确立了霸主地位。

遗憾的是，齐桓公年老之时再次成了“小白”，因任用奸佞之人而死得很惨。

管仲：我打贸易战从没输过

管夷吾像

管仲被后人尊称『管子』，乃千古第一相，是春秋战国时期著名的政治家、经济学家、军事家。他助力齐桓公成就春秋霸业。

据说，管仲前半生非常平庸，他出生时也无『天降异象』，幼年因家境贫寒，给人放马，青年时与好友鲍叔牙做生意以失败告终；后来上战场竟然还当了逃兵，再后来，他辅佐的公子纠也没登上王位，还差点将齐桓公射死。当管仲失败的一生即将结束时，好友鲍叔牙向齐桓公力荐管仲，说要想成就霸业，必须拜管仲为相。

自此，管仲一路『开挂』，将壮大齐国经济实力的任务放在首位，通过『贸易战』而达到『不战而屈人之兵』的效果。

楚国是大国，齐国不敢与之兵戎相见。管仲给齐桓公出主意：重金买鹿。

齐桓公遂派人去楚国，花大价钱买鹿。楚王认为事情有诈，派人去探虚实。管仲早就想好了名目：大王建造猎场缺鹿，后宫添置冬装缺鹿皮。同时，管仲还拿黄金给楚国商贩作补贴。一时间，楚国人纷纷弃农捕鹿，鹿价飞涨而粮价暴跌。管仲却命人在齐楚两地屯粮。突然，齐国与楚国断交，楚国的鹿无人收购，粮田也荒芜了，有钱却无法买到粮食，闹了『饥荒』。

齐国把粮食运到了两国边境，楚人纷纷投奔齐国。楚国损失了人口红利，元气大伤。此后，管仲如法炮制，挫败了许多国家，大大增强了齐国的实力。

管仲打贸易战取胜原因是深谙市场供需关系，并由政府适当干预，注重战略物资储备。这些手段，与两千多年后凯恩斯如出一辙。可以说，管仲是凯恩斯的中国前辈了。

管仲：我打贸易战从没输过

管仲，被后人尊称“管子”，乃千古第一相，是春秋战国时期著名的政治家、经济学家、军事家。他助力齐桓公成就春秋第一霸主。

据说，管仲前半生非常平庸，他出生时也无“天降异象”，幼年因家境贫寒给人放马，青年时与好友鲍叔牙做生意以失败告终，后来上战场竟然还当了逃兵。再后来，他辅佐的公子纠也没登上王位，还差点将齐桓公射死。当管仲失败的一生即将结束时，好友鲍叔牙向齐桓公力荐管仲，说要想成就霸业，必须拜管仲为相。自此，管仲一路“开挂”，将壮大齐国经济实力的任务放在首位，通过“贸易战”而达到“不战而屈人之兵”的效果。

楚国是大国，齐国不敢与之兵戎相见。管仲给齐桓公出主意：重金买鹿。齐桓公遂派人去楚国，花大价钱买鹿。楚王认为事情有诈，派人去探虚实。管仲早就想好了名目：大王建造猎场缺鹿，后宫添置冬装缺鹿皮。同时，管仲还拿黄金给楚国商贩作补贴。一时间，楚国人纷纷弃农捕鹿，鹿价飞涨而粮价暴跌，管仲却命人在齐楚两地屯粮。突然，齐国与楚国断交，楚国的鹿无人收购，粮田也荒芜了，有钱却无法买到粮食，闹起了“饥荒”。齐国把粮食运到了两国边境，楚人纷纷投奔齐国。楚国损失了人口红利，元气大伤。此后，管仲如法炮制，挫败了许多国家，大大增强了齐国的实力。

管仲打贸易战取胜，原因是深谙市场供需关系，并由政府适当干预，注重战略物资储备。这些手段，与两千多年后的凯恩斯如出一辙。可以说，管仲是凯恩斯的中国前辈了。

资深乐迷的典范：孔子闻韶

公元前五一七年，三十五岁的孔子看准了当时国力强盛的齐国，投奔高昭子做了家臣，想要通过高昭子面见齐景公。然而数月过去，仍未得到见面的机会。一日，高昭子请来一支有名的乐队到家里演出。孔子曾拜襄子学琴，音乐造诣名声在外，所以此次赏乐坐在客席右侧首位。原本孔子并无心赏乐，但听闻乐队演奏的是《韶乐》，顿时来了兴趣。《韶乐》最早可追溯到舜帝时期，到了春秋还能演奏的国家已不多见，能够聆听整部《韶乐》音曲更是很多乐迷向往已久的事情。一曲作罢，满堂寂静，在座众人竟然沉浸于乐曲之中未能及时醒来，连鼓掌都忘了。据说，孔子在听完《韶乐》后不停赞叹："尽美矣，又尽善也。"

至圣先师孔子像

"尽善尽美"这一成语便出于此。此外，孔子在乐宴后百日内无论读书、饮食还是散步，仍经常出神回想《韶乐》之美。有人说，这段时间里，孔子吃肉都觉不出味道，这才有"孔子闻韶，三月不知肉味"的典故。与今日的音乐爱好者相比，孔子绝对算得上是资深乐迷了。史学家说，孔子从《韶乐》中听出了齐国"礼乐治国"的精神，所以不断畅想着自己能在齐国实现理想，这才不知肉味。也不知现在齐都镇的孔子闻韶遗址，能否给后世人一个满意的答案。

资深乐迷的典范：孔子闻韶

公元前517年，35岁的孔子看准了当时国力强盛的齐国，投奔高昭子做了家臣，想要通过高昭子面见齐景公。然而数月过去，仍未得到见面的机会。

一日，高昭子请来一支有名的乐队到家里演出。孔子曾拜师襄子学琴，音乐造诣名声在外，所以此次赏乐坐在客席右侧首位。原本孔子并无心赏乐，但听闻乐队演奏的是《韶乐》，顿时来了兴趣。《韶乐》最早可追溯到舜帝时期，到了春秋还能演奏的国家已不多见，能够聆听整部《韶乐》音曲更是很多乐迷向往已久的事情。

一曲作罢，满堂寂静，在座众人竟然沉浸于乐曲之中未能及时醒来，连鼓掌都忘了。据说，孔子在听完《韶乐》后不停赞叹“尽美矣，又尽善也”。“尽善尽美”这一成语便出于此。此外，孔子在乐宴后百日内无论读书、饮食还是散步，仍经常出神回想《韶乐》之美。有人说，这段时间里，孔子吃肉都觉不出味道，这才有“孔子闻韶，三月不知肉味”的典故。与今日的音乐爱好者相比，孔子绝对算得上是资深乐迷了。

史学家说，孔子从《韶乐》中听出了齐国“礼乐治国”的精神，所以不断畅想着自己能在齐国实现理想，这才不知肉味。也不知现在齐都镇的孔子闻韶遗址，能否给后世人一个满意的答案。

田氏代齐：卜卦引发的三百年坚守

庄子有言『彼窃钩者诛，窃国者为诸侯』，其中『窃国者』就是春秋战国时期著名的『鸠占鹊巢』事件——田氏代齐。中国历朝各代『篡位者』不时出现，比如曹魏代汉，司马夺魏，大抵经过了两三代人的努力。而田氏代齐这一早期的篡位，竟然坚持了近三百年，有八代人前仆后继，奋斗不息。

田氏代齐要从陈完入齐说起。陈完即田完，陈国公子。据说，他出生时，周太史给他占卜后向其父母表示，这个孩子的后代可以掌控一个国家。机缘巧合，因一场内乱陈完投奔到齐国。此时，齐国正是『姜齐』，国君是齐桓公。陈完当了一个管理工匠的小官，改名为田完，自此开启了田氏家族的序幕。

陳公子完像

据说，齐国一贵族想把女儿嫁给田完，便去占卜。卜辞上说，田家五世将官至上卿，八世后地位无可比拟。后来，田氏五世孙田桓子成为齐国大夫，其子田僖则为齐国相国，果然应了卦辞。后世田家子孙悉心经营，笼络民心，备受百姓拥戴。田氏篡位之路也充满血腥与『屈辱』，艾陵之战中，田常竟然要求自己的叔父主动战死，以平息其他家族的愤怒；田常允许门客进入后宫，任由门客和嫔妃生下了七十多个男孩。最后，相国田和把齐康公放逐到海岛，田和成了事实上的君主，他又设法获得了周天子认可，『姜齐』由此变为『田齐』。

当年卜卦的真伪已无从考究，但很可能被田家人当成了一种信念，耗费八代人的心血，终成基业。

齐国之政其卒归于田氏矣

田氏代齐：卜卦引发的三百年坚守

庄子有言“彼窃钩者诛，窃国者为诸侯”，其中“窃国者”就是春秋战国时期著名的“鸠占鹊巢”事件——田氏代齐。中国历朝各代“篡位者”不时出现，比如曹魏代汉、司马夺魏，大抵经过了两三代人的努力。而田氏代齐这一早期的篡位，竟然坚持了近三百年，有八代人前仆后继，奋斗不息。

田氏代齐，要从陈完入齐说起。陈完即田完，陈国公子。据说，他出生时，周太史给他占卜后向其父母表示，这个孩子的后代可以掌控一个国家。机缘巧合，因一场内乱陈完投奔到齐国。此时，齐国正是“姜齐”，国君是齐桓公。陈完当了一个管理工匠的小官，改名为田完，自此开启了田氏家族的序幕。

据说，齐国一贵族想把女儿嫁给田完，便去占卜。卜辞上说，田家五世将官至上卿，八世后地位无可比拟。后来，田氏五世孙田桓子成为齐国大夫，其子田僖则为齐国相国，果然应了卦辞。后世田家子孙悉心经营，笼络民心，备受百姓拥戴。田氏篡位之路也充满血腥与“屈辱”。艾陵之战中，田常竟然要求自己的叔父主动战死，以平息其他家族的愤怒；田常允许门客进入后宫，任由门客和嫔妃生下了七十多个男孩。最后，相国田和把齐康公放逐到海岛，田和成了事实上的君主，他又设法获得了周天子认可，“姜齐”由此变为“田齐”。

当年卜卦的真伪已无从考究，但很可能被田家人当成了一种信念，耗费八代人的心血，终成基业。

『世上无稷下，万古如长夜』——中国最古老的大学

在2300年前的齐都临淄，创办于稷门外的稷下学宫，是中国最古老的官办大学，同时又具备国家智囊团、政治参议院、社会科学研究院的功能，还承载着中国现代大学的前世记忆。

公元前379年，田氏推翻姜齐建立田齐政权。在动荡变革的社会环境下，作为田齐第三位君主的齐桓公田午，时常担忧人心不稳、政权不稳，毕竟『田氏代齐』容易被人说三道四。齐桓公为此烦忧不已。这时，有大臣建议：『齐地自古尊贤、尚礼，不如建立一所学堂，网罗天下奇才来我齐都，助主公振兴大业。』齐桓公拍手称好，立即在稷门外修学宫，『设大夫之号，招致贤人尊崇之。』在这里，无论国别、学派，士人皆著书立说，广收门徒，各家学派自由交流、讨论、争辩。百余年间，稷下学宫逐渐成为学术争鸣的中心园地和列国的学术文化中心，作为先秦文化的集大成者，对齐鲁大地和中华文明有着不可磨灭的贡献。

令人遗憾的是，稷下学宫随着齐国的灭亡而衰落。之后千年的封建统治再没能重现当初『百家争鸣，百花齐放』的盛况。幸运的是，淄博市政府目前正在规划重现稷下学宫以及相关建筑，让更多人了解稷下学宫在中华文化历史上的重要地位。与此同时，山东博物馆、齐文化博物院联手『王者荣耀』，将游戏与历史文化有机结合，让年轻一代深入了解千年前东方人类文明的黄金时代，担负起传承中华优秀历史文化的重任。

“世上无稷下，万古如长夜”——中国最古老的大学

在2300年前的齐都临淄，创办于稷门外的稷下学宫，是中国最古老的官办大学，同时又具备国家智囊团、政治参议院、社会科学研究院的功能，还承载着中国现代大学的前世记忆。

公元前379年，田氏推翻姜齐建立田齐政权。在动荡变革的社会环境下，作为田齐第三位君主的齐桓公田午，时常担忧人心不稳，政权不稳，毕竟“田氏代齐”容易被人说三道四。齐桓公为此烦忧不已。这时，有大臣建议：“齐地自古尊贤尚礼，不如建立一所学堂，网罗天下奇才来我齐都，助主公振兴大业。”齐桓公拍手称好，立即在稷门外修建学宫，“设大夫之号，招致贤人尊崇之”。在这里，无论国别、学派，士人皆可著书立说，广收门徒；各家学派自由交流、讨论、争辩。百余年间，稷下学宫逐渐成为学术争鸣的中心园地和列国的学术文化中心，作为先秦文化的集大成者，对齐鲁大地和中华文明有着不可磨灭的贡献。

令人遗憾的是，稷下学宫随着齐国灭亡而衰落，之后千年的封建统治再没能重现当初“百家争鸣、百花齐放”的盛况。幸运的是，淄博市政府目前正在规划重现稷下学宫以及相关建筑，让更多人了解稷下学宫在中华文化历史上的重要地位。与此同时，山东博物馆、齐文化博物院联手“王者荣耀”，将游戏与历史文化有机结合，让年轻一代深入了解千年前东方人类文明的黄金时代，担负起传承中华优秀历史文化的重任。

小贴士：

稷下各学派主要争辩的十个辩题	
君臣关系之论	形神关系之论
王霸之论	天人之辩
世界本原之辩	名实之辩
性善性恶之辩	德治法治之辩
本事末事之辩	用命寝兵之辩

古代的博士——御用智囊团

『博士』这个词最先见于西汉刘向《说苑·尊贤》。文中记载齐威王担心诸侯举兵伐齐，召集百官商量对策：『于是，博士淳于髡仰天大笑而不应，王复问之，又大笑不应，三笑不应』。淳于髡，在当时不仅是稷下元老，更被齐威王立为『上卿』。这里的『博士』就是他在稷下学宫里的『官职』。

当时，稷下学宫是按照『官职级别的待遇来对待知识分子的，也就是说，来到这里的学者在传道授业解惑的同时，还是君主御用智囊团，『皆赐列第，为上大夫，不治而议论』。因此，『博士』一词由最初的『博学多闻之士』，逐渐演变成朝廷认证的人才代名词，成为战国时期新兴的官制。自秦开始，博士正式在官方有了姓名，类似于教育官员，虽然还没有具体的行政职责，但也是御用智囊团不可缺少的一部分，时常参与政事的讨论。汉朝时，出现了全国博士统一考试。与现代博士考试类似的是，当时考生不仅需要通过考试，还需要获得老师的举荐，方能被授予称号』。

到了唐宋时期，『博士』一词逐渐接地气，失去了官方认证的光环。无论朝廷还是民间，有一技之长能够服众的也可称为『某某博士』。然而，时光之环流转到今天，『博士』又成了最高学历的代表。

古代的博士——御用智囊团

“博士”这个词最先见于西汉刘向《说苑·尊贤》。文中记载，齐威王担心诸侯举兵伐齐，召集百官商量对策。“于是博士淳于髡仰天大笑而不应，王复问之，又大笑不应，三笑不应”。淳于髡，在当时不仅是稷下元老，更被齐威王立为“上卿”。这里的“博士”就是他在稷下学宫里的“官职”。

当时，稷下学宫是按照官职级别的待遇来对待知识分子的，也就是说，来到这里的学者在传道授业解惑的同时，还是君主御用的智囊团，“皆赐列第，为上大夫，不治而议论”。因此，“博士”一词由最初的“博学多闻之士”，逐渐演变成朝廷认证的人才代名词，成为战国时期新兴的官制。自秦开始，博士正式在官方有了姓名，类似于教育官员。虽然还没有具体的行政职责，但也是御用智囊团不可缺少的一部分，时常参与政事的讨论。汉朝时，出现了全国博士生统一考试。与现代博士考试类似的是，当时考生不仅需要通过考试，还需要获得老师的举荐，方能被授予称号。到了唐宋时期，“博士”一词逐渐接地气，失去了官方认证的光环。无论朝廷还是民间，有一技之长能够服众的也可称为“某某博士”。然而时光之环流转到今天，“博士”又成了最高学历的代表。

虽然现代教育体系——博士、硕士、学士制度来源于西方，但早在两千多年前，稷下学宫就已经建立了成熟的办学体系和基本的学术秩序，明确了“博士”和“学士”之分，为中国教育历史添上了浓墨重彩的一笔。

小贴士：

其他出自稷下学宫的词语：

白马非马：《韩非子·外储说左上》：“儿说，宋人，善辩者也，持‘白马非马也’，服齐稷下之辩者。”

先生：指稷下学宫的学者们。最早见于《史记·孟子荀卿列传》：“自驺衍与齐之稷下先生……各著书言治乱之事，以干世主，岂可胜道哉！”

学士：与“稷下先生”同样指代学者。最早见于《史记·田敬仲完世家》：“……皆赐列第，为上大夫，不治而议论。”现代意为高等教育本科阶段授予的学位名称。

临淄侯是曹植命运转折点

曹植是曹操与卞夫人所生的第三子，文能一气呵成《登台赋》，武能跟随父亲征战杀敌，一直深得曹操喜爱。建安十九年，年仅二十二岁的曹植被封为临淄侯，却不承想到这是他的人生的转折点。如果把曹植人生轨迹画成一条抛物线，那临淄侯则是这条线的顶点。《三国志》记载：『每进见难问（植）应声而对，特见宠爱。建安十六年，封平原侯。十九年，徙封临淄侯。』临淄是齐国故都，地位一直非常重要，临淄侯属于高等列侯。况且那时候的曹丕还没有封号，只能守着『五官中郎将』这个名号在朝廷打杂，足可见临淄侯是曹植还受曹操宠爱之时册封的。

可曹植并没有体会到父亲的良苦用心。曹操本想让曹植在临淄历练几年脱去一些文弱书生的气息。但曹植屡犯法禁，不修边幅，时常任性而行，做事全凭个人喜恶，最严重的是嗜酒成性。受封三年后曹植与杨修『酒驾』擅闯司马门，令曹操十分不满。又过了两年，即建安二十四年曹仁被关于围困于樊城，曹操下令让曹植带兵驰援。可曹植再一次因贪杯误事，『植醉不能受命』，这下彻底失去了曹操的信任和宠爱。

年少成名的曹植，是一颗划过璀璨夜空的流星，转瞬即逝。张爱玲说『出名要趁早呀，来得太晚，快乐也不那么痛快』。可成名太早而忘了自我约束，那真是『出道即巅峰』的悲哀了，又何谈快乐。

临淄侯是曹植命运转折点

曹植是曹操与卞夫人所生的第三子，文能一气呵成《登台赋》，武能跟随父亲征战杀敌，一直深得曹操喜爱。建安十九年，年仅二十二岁的曹植被封为临淄侯，却不承想到这是他的人生的转折点。

如果把曹植人生轨迹画成一条抛物线，那临淄侯则是这条线的顶点。《三国志》记载："每进见难问，（植）应声而对，特见宠爱。建安十六年，封平原侯。十九年，徙封临侯。"临淄是齐国故都，地位一直非常重要，临淄侯属于高等列侯。况且那时候的曹丕还没有封号，只能守着"五官中郎将"这个名号在朝廷打杂，足可见临淄侯是曹植还受曹操宠爱之时册封的。

可曹植并没有体会到父亲的良苦用心。曹操本想让曹植在临淄历练几年，脱去一些文弱书生的气息。但曹植屡犯法禁，不修边幅，时常任性而行，做事全凭个人喜恶，最严重的是嗜酒成性。受封三年后，曹植与杨修"酒驾"擅闯司马门，令曹操十分不满。又过了两年，即建安二十四年，曹仁被关羽围困于樊城，曹操下令让曹植带兵驰援。可曹植再一次因贪杯误事，"植醉不能受命"，这下彻底失去了曹操的信任和宠爱。

年少成名的曹植，是一颗划过璀璨夜空的流星，转瞬即逝。张爱玲说，"出名要趁早呀，来得太晚，快乐也不那么痛快"。可成名太早而忘了自我约束，那真是"出道即巅峰"的悲哀了，又何谈快乐。

小贴士：

曹植文学造诣颇深，与曹操、曹丕合称为"三曹"。南朝宋文学家谢灵运曾评价曹植："天下才有一石，曹子建独占八斗"。这也是成语"才高八斗"的来历。

馒头窑不是用来蒸馒头的

自宋朝开始，淄博地区就已经「居人相袭善为陶」。每每提起淄博，享誉海内外的淄博陶瓷是必须要提的，而提到淄博陶瓷，那「馒头窑」则是「瓷都」产业中浓墨重彩的一笔了。可别被名字骗了，「馒头窑」可不是用来蒸馒头的哦。

「馒头窑」作为北方窑炉的代表之一，最早起源于西周，然而那时候的淄博窑炉结构单一，效率低下，浪费燃料。宋朝开始大量使用煤炭取代竹木作为主要燃料，能源技术与工艺水平的进步助推了淄博窑炉的发展。由于北方地区气温较低，对窑炉内壁厚度要求更高。此时淄博地区的窑炉开始成熟发展，经过改良后的窑炉结实稳固，内温最高可达一千三百摄氏度左右。烧制陶器成了不少淄博先民的谋生手段。

生产陶器增加了人们收入，家家户户也从此拥有了一项靠谱的谋生手艺，大家不用再担心粮食歉收的时候没有馒头吃了，因为副业的收入也很有吃头。大家把窑炉也当成吃饭的家伙了。这种窑炉外形像馒头，建造方法简单，能让大家从此有事做、有钱赚、有饭吃，「馒头窑」的称号从此流传开来。

如今，留存下来的「馒头窑」旧址越来越少。随着科技的进步，曾经在鲁中地区风光无限的「馒头窑」，在二十世纪六十年代就和大家说再见了。有些精致的窑被创意地改造成居屋、仓库和艺术空间，可谓「瓷都古窑今犹在，不见当年烧窑人」。然而，「馒头窑」作为重要的工业遗产，千余年来为淄博百姓做出的贡献，是永远无法被泯灭的。

馒头窑不是用来蒸馒头的

自宋朝开始，淄博地区就已经“居人相袭善为陶”。每每提起淄博，享誉海内外的淄博陶瓷是必须要提的；而提到淄博陶瓷，那“馒头窑”则是“瓷都”产业中浓墨重彩的一笔了。可别被名字骗了，“馒头窑”可不是用来蒸馒头的哦。

“馒头窑”作为北方窑炉的代表之一，最早起源于西周，然而那时候的淄博窑炉结构单一，效率低下，浪费燃料。宋朝开始大量使用煤炭取代竹木作为主要燃料，能源技术与工艺水平的进步助推了淄博窑炉的发展。由于北方地区气温较低，对窑炉的内壁厚度要求更高。此时淄博地区的窑炉开始成熟发展，经过改良后的窑炉结实稳固，内温最高可达1300摄氏度左右。烧制陶器成了不少淄博先民的谋生手段。

生产陶器增加了人们收入，家家户户也从此拥有了一项靠谱的谋生手艺，大家不用再担心粮食歉收的时候没有馒头吃了，因为“副业”的收入也很有吃头。大家把窑炉也当成吃饭的家伙了。这种窑炉外形像馒头，建造方法简单，能让大家从此有事做、有钱赚、有饭吃，“馒头窑”的称号从此流传开来。

如今，留存下来的“馒头窑”旧址越来越少。随着科技的进步，曾经在鲁中地区风光无限的“馒头窑”，在二十世纪六十年代就和大家说再见了。有些精致的窑被创意地改造成房屋、仓库和艺术空间，可谓“瓷都古窑今犹在，不见当年烧窑人”。然而，“馒头窑”作为重要的工业遗产，千余年来为淄博百姓做出的贡献，是永远无法被泯灭的。

小贴士：

淄博的名窑：寨里窑、磁村窑、大街窑、坡地窑和东顶村窑。

因为博山·才有胶济铁路

1869年德国著名地理学家李希霍芬第一次踏上胶东半岛对博山印象非常深刻：『这是我在中国见过的最大的工业城镇。』『整个城镇看起来就像一座黑色的工厂』博山是当时全国数一数二的工业重镇。李希霍芬曾记载，一个时内共有65辆煤矿车通过孝妇河运出去。

在考察了中国18个省份并且目睹了博山地区工业兴盛矿产资源丰富后他开始盘算修建一条横跨山东的铁路，以青岛为起点，途经博山，把这里丰富的『黑金资源』通过青岛港口，运回德国。

李希霍芬的建议成为日后德军侵占胶州湾的重要依据。1897年，德国占领青岛。在李希霍芬考察博山三十年后，胶济铁路开始动工。这是山东省第一条铁路，也是德国搭建的一条联结青岛和山东腹地的经济命脉。其中，博山铁路作为胶济铁路的延伸线，也是胶济铁路开工的第一条支线。铁路经过精心设计，途经几大资源产区：胜利油田、博山煤矿、坊子煤矿、金岭镇铁矿和昌乐金刚石矿，其主要目的不言自明。

与历史对话才发现李希霍芬谱写了一段青岛和淄博的前世缘分，一个地理学家在考察期间的想法，就这样开启了一个国家的铁路历史。一百年前共同进退，实属情比金坚』，谁看也要说一句青淄友谊地久天长。

因为博山，才有胶济铁路

1869年，德国著名地理学家李希霍芬第一次踏上胶东半岛，对博山印象非常深刻："这是我在中国见过的最大的工业城镇。""整个城镇看起来就像一座黑色的工厂。"博山是当时全国数一数二的工业重镇。李希霍芬曾记载，一小时内共有65辆煤矿车通过孝妇河运出去。

在考察了中国18个省份，并目睹了博山地区工业兴盛、矿产资源丰富后，他开始盘算修建一条横跨山东的铁路，以青岛为起点，途经博山，把这里丰富的"黑金资源"通过青岛港口，运回德国。

李希霍芬的建议成为日后德军侵占胶州湾的重要依据。1897年，德国占领青岛。在李希霍芬考察博山三十年后，胶济铁路开始动工。这是山东省第一条铁路，也是德国搭建的一条联结青岛和山东腹地的经济命脉。其中，博山铁路作为胶济铁路的延伸线，也是胶济铁路开工的第一条支线。铁路经过精心设计，途经几大资源产区：胜利油田、博山煤矿、坊子煤矿、金岭镇铁矿和昌乐金刚石矿，其主要目的不言自明。

与历史对话，才发现李希霍芬谱写了一段青岛和淄博的前世缘分，一个地理学家在考察期间的想法就这样开启了一个国家的铁路历史。一百年前共同进退，实属"情比金坚"，谁看也要说一句"青淄友谊地久天长"。

淄博的『特区』往事

二十世纪二十年代，淄川与博山的煤矿逐渐在全国引起关注，『淄博』二字开始被官方性质地用于地域名称。当时的『淄博』所管辖的区域面积，还不足今天的一半。除了矿产之外，淄博还拥有『泱泱大风』的齐文化历史及齐鲁腹地的重要战略位置。所以，这座城市曾多次被设为『特区』。一九四五年八月，淄博第一次成为特区，隶属鲁中行政区。当月二十三日，中共鲁中区党委建立淄博特区专员公署，『淄博』才成为正式的政区名称。然而，同年九月，『特区』名称被取消，不禁让整个淄博有些遗憾。一九四六年一月，淄博再一次被升级为『特区』。可是，这一次『特区命运』也仅仅持续了半年左右的时间。同年七月，『特区』名称又被撤销。一九四八年八月，淄博第三次被设为特区，而这一次隶属于鲁中南行政区。此后数年，淄博在『特区』『专区』的名称里跌跌撞撞，一直没有找到一个合适的定位。直到在一九五五年三月，淄博才被正式确定为『淄博市』，成为山东省内继济南、青岛之后第三座省辖市。

淄博，一个文化浓厚、资源丰富的地方。过去，它曾是全球最顶尖的城市之一，未来，它一定也会受到全世界的瞩目。

淄博的“特区”往事

二十世纪二十年代，淄川与博山的煤矿逐渐在全国引起关注，“淄博”二字开始被官方性质地用于地域名称。当时的“淄博”所管辖的区域面积还不足今天的一半。除了矿产之外，淄博还拥有“泱泱大风”的齐文化历史及齐鲁腹地的重要战略位置。所以，这座城市曾多次被设为“特区”。

1945年8月，淄博第一次成为特区，隶属鲁中行政区。当月23日，中共鲁中区党委建立淄博特区专员公署，“淄博”才成为正式的政区名称。然而，同年9月，“特区”名称被取消，不禁让整个淄博有些遗憾。

1946年1月，淄博再一次被升级为“特区”。可是，这一次“特区命运”也仅仅持续了半年左右的时间。同年7月，“特区”名称又被撤销。

1948年8月，淄博第三次被设为特区，而这一次隶属于鲁中南行政区。此后数年，淄博在“特区”“专区”的名称里跌跌撞撞，一直没有找到一个合适的定位。直到在1955年3月，淄博才被正式确定为“淄博市”，成为山东省内继济南、青岛之后第三座省辖市。

淄博，一个文化浓厚、资源丰富的地方。过去，它在曾是全球最顶尖的城市之一，未来，它一定也会受到全世界的瞩目。

第二章

淄博风俗

就要选元宵节这天『吹牛』

元宵佳节，当大家都在赏花灯、猜灯谜、吃元宵的时候，张店区辛曹村可能正在考虑如何『吹牛』。这里的『吹牛』，可不是说大话，而是当地特殊的节日风俗，是一种『音乐打擂』的活动。

早年间，辛曹村东南角住着一个小伙子，唢呐吹得极好，深受村民喜爱。后来，有个落魄的外乡人来到村里，在西南角住下。巧的是，这个外乡人也会吹唢呐。私下里，村里人开始将两个人的唢呐技艺进行比较。次年元宵节，原本村里没什么娱乐活动，但『每逢佳节倍思亲』，外乡人站在家门口吹起了唢呐，没想到引来众多村民喝彩。小伙子听闻后，拿起唢呐，一边走一边吹，往外乡人住处走去。村民看出来，小伙子要来『打擂』了。村长当即做了一个决定：村里出一头牛犊当奖品。两人在大布后面吹奏，由乡亲们评判，谁吹得好这头牛犊就归谁。几曲过后，外乡人赢了，但他为了感谢村民收留并没要牛犊，而是说先寄养在自己这里，等明年元宵节让小伙子再来赢回。据说，小伙子连续五个元宵节来挑战外乡人，最终将牛赢了回去。而元宵节『音乐打擂』的活动，也演变成了辛曹村独有的风俗。

如今，风俗依旧，只是不再赢牛犊，而是扯着一面画着黄牛的大布，由村一角组织吹拉弹唱众人，到村的另一角去挑战。不敢应战就要被人『牵牛』，是很丢脸的；若敢应战，则必须备好节目，否则就是『吹牛』。

就要选元宵节这天“吹牛”

元宵佳节，当大家都在赏花灯、猜灯谜、吃元宵的时候，张店区辛曹村可能正在考虑如何“吹牛”。这里的“吹牛”，可不是说大话，而是当地特殊的节日风俗，是一种“音乐打擂”的活动。

早年间，辛曹村东南角住着一个小伙子，唢呐吹得极好，深受村民喜爱。后来，有个落魄的外乡人来到村里，在西南角住下。巧的是，这个外乡人也会吹唢呐。私下里，村里人开始将两个人的唢呐技艺进行比较。次年元宵节，原本村里没什么娱乐活动，但“每逢佳节倍思亲”，外乡人站在家门口吹起了唢呐，没想到引来众多村民喝彩。小伙子听闻后，拿起唢呐，一边走一边吹，往外乡人住处走去。村民看出来，小伙子要来“打擂”了。村长当即做了一个决定：村里出一头牛犊当奖品。两人在大布后面吹奏，由乡亲们评判，谁吹得好这头牛犊就归谁。几曲过后，外乡人赢了，但他为了感谢村民收留并没要牛犊，而是说先寄养在自己这里，等明年元宵节让小伙子再来赢回。据说，小伙子连续五个元宵节来挑战外乡人，最终将牛赢了回去。而元宵节“音乐打擂”的活动，也演变成了辛曹村独有的风俗。

如今，风俗依旧，只是不再赢牛犊，而是扯着一面画着黄牛的大布，由村一角组织吹拉弹唱众人，到村的另一角去挑战。不敢应战就要被人“牵牛”，是很丢脸的；若敢应战，则必须准备好节目，否则就是“吹牛”。

三月三、赶牛山

牛山在临淄城南，春秋时便是此地名山，清代更因其雨景唯美被文人墨客选入『临淄八景』。『赶牛山』起于明末，最初只是农事者欲求风调雨顺，如今已成为淄博每年一次的文化盛会。牛山不似牛，却以牛相称。当地关于牛山的故事不少，其中最古老的一个便是『夔牛埋山』。

相传，黄帝与蚩尤于涿鹿大战，开始互有输赢，后来黄帝得知蚩尤是牛图腾和鸟图腾的首领，决定用其图腾之力与其对战。黄帝先是命令神荼去祷过之山抓翟如鸟，因其叫声就是自己名字，所以用其骨做哨子；又命令郁垒在流波山捉夔牛，因其能发出雷鸣之声，所以用其皮做战鼓，再与蚩尤对战时，黄帝一方擂鼓鸣哨，蚩尤部队仿佛总能听到天空中的滚滚雷声在呼唤自己的名字，加上翟如与夔牛与其信仰图腾是同类，不断勾起蚩尤部队心底顺从的本意，导致蚩尤部队作战分心，最终败北。

据说，郁垒做完战鼓之后将夔牛骸骨埋在了淄水河畔，百年之后成了一座小山。住在此地的人发现，一旦淄水旱涝，山中总会有牛叫声传出，故而将此山命名为『牛山』。由于农民最担心的莫过于旱涝，他们认为这山有灵性，就自发在春耕之前到此祭山，祈求一年风调雨顺。因为华北一带是三月春种，所以当地人选择三月三赶牛山庙会可谓恰到好处。另外，每年九月九也有一次牛山庙会，一方面是对于牛山保佑一年农作收成的还愿；另一方面，也与重阳登高习俗相契合。

三月三，赶牛山

牛山在临淄城南，春秋时便是此地名山，清代更因其雨景唯美，被文人墨客选入“临淄八景”。“赶牛山”起于明末，最初只是农事者欲求风调雨顺，如今已成为淄博每年一次的文化盛会。牛山不似牛，却以牛相称。当地关于牛山的故事不少，其中最古老的一个便是“夔牛埋山”。

相传，黄帝与蚩尤于涿鹿大战，开始互有输赢，后来黄帝得知蚩尤是牛图腾和鸟图腾的首领，决定用其图腾之力与其对战。黄帝先是命令神荼去祷过之山抓翟如鸟，因其叫声就是自己名字，所以用其骨做哨子；又命令郁垒在流波山捉夔牛，因其能发出雷鸣之声，所以用其皮做战鼓。再与蚩尤对战时，黄帝一方擂鼓鸣哨，蚩尤部队仿佛总能听到天空中的滚滚雷声在呼唤自己的名字，加上翟如与夔牛与其信仰图腾是同类，不断勾起蚩尤部队心底顺从的本意，导致蚩尤部队作战分心，最终败北。

据说，郁垒做完战鼓之后，将夔牛骸骨埋在了淄水河畔，百年之后成了一座小山。住在此地的人发现，一旦淄水旱涝，山中总会有牛叫声传出，故而将此山命名为“牛山”。由于农民最担心的莫过于旱涝，他们认为这山有灵性，就自发在春耕之前到此祭山，祈求一年风调雨顺。因为华北一带是三月春种，所以当地人选择三月三赶牛山庙会，可谓恰到好处。

另外，每年九月九也有一次牛山庙会。一方面，是对于牛山保佑一年农作收成的还愿；另一方面，也与重阳登高习俗相契合。

五月单五，老丈人视察女婿工作

老淄博人将端午节叫"五月单五"，第一个"五"读三声，第二个"五"读轻声。每年这时候，女婿们都有点"提心吊胆"，因为老丈人和丈母娘会随机来串门儿，看看自己闺女过得好不好，受没受欺负，说白了就是来"视察工作"。

起初，这一风俗仅仅是婚后第一个端午节，女方父母要来给闺女送"贴心"，小到竹帘、凉席，大到风扇、空调等物品，意思是闺女虽然嫁出去了但依然是父母的心头肉，父母也希望闺女常回家看看。

随着社会发展，年轻人忙忙碌碌，父母们反而有了更多空暇时间。因此，"五月单五看闺女"这一风俗，从"婚后第一年"逐渐变成"每年"。据说，一年中，老丈人其他时间来串门还不打紧，但"五月单五"前后到访，女婿一定得好好表现。其一，当天不能让妻子干活，意指无论经济条件如何，媳妇嫁过来都是来享福的，不是来伺候人的；其二，亲自下厨为岳父岳母做一顿丰盛的晚饭，妻子穿一身新衣服，这代表自己有能力让这个家丰衣足食；其三，当晚必须把岳父岳母送到家，表示老人将养育多年的闺女交给自己，完全可以"放心到家"。五月单五看闺女，说到底是老人对孩子深深的思念。这一风俗，仿佛也在告诉现在的年轻人，有时间多陪一陪父母。

五月单五，老丈人视察女婿工作

老淄博人将端午节叫“五月单五”，第一个“五”读三声，第二个“五”读轻声。每年这时候，女婿们都有点“提心吊胆”，因为老丈人和丈母娘会随机来串门儿，看看自己闺女过得好不好，受没受欺负，说白了就是来“视察工作”。

起初，这一风俗仅仅是婚后第一个端午节，女方父母要来给闺女送“贴心”，小到竹帘、凉席，大到风扇、空调等物品，意思是闺女虽然嫁出去了，但依然是父母的心头肉，父母也希望闺女常回家看看。

随着社会发展，年轻人忙忙碌碌，父母们反而有了更多空暇时间。因此，“五月单五看闺女”这一风俗，从“婚后第一年”逐渐变成“每年”。据说，一年中，老丈人其他时间来串门儿还不打紧，但“五月单五”前后到访，女婿一定得好好表现。其一，当天不能让妻子干活，意指无论经济条件如何，媳妇嫁过来都是来享福的，不是来伺候人的；其二，亲自下厨为岳父岳母做一顿丰盛的晚饭，妻子穿一身新衣服，这代表自己有能力让这个家丰衣足食；其三，当晚必须把岳父岳母送到家，表示老人将养育多年的闺女交给自己，完全可以“放心到家”。

五月单五看闺女，说到底是老人对孩子深深的思念。这一风俗，仿佛也在告诉现在的年轻人，有时间多陪一陪父母。

生娃要『送祝米』

『送祝米』是一个与生育有关的习俗，最早可追溯至魏晋时期。因『礼品中多有米』，又称『送米』。在物资贫乏的年代，能吃饱已实属不易，人们对稻米有着原始的崇拜。给刚生育的人家赠送大米，寓意祛除贫困、疾病，祈福母婴安康，亦称『送助米』，是邻里、亲友之间朴素的互帮互助精神的体现。

『送祝米』的习俗在多地都有，但每个地方又各不相同。淄川的风俗是孩子出生的第三天，媳妇娘家人会带着滋补品、尿布、火钵、烘篮之类的东西来看望产妇和婴儿，并且在这一天商量并定下『送祝米』的日子，即定下吉日。到了这一天，亲朋好友都会前来相聚！孩子的外公外婆、舅父舅母、大姨小姨等三亲六戚便浩浩荡荡地送来『祝米』。习俗发展到今天，『祝』不仅是帮助，更多的是祝贺、祝福的意思，『米』也不仅仅是大米，而是在米上放染红的鸡蛋，鸡蛋上再放衣帽鞋袜、毛巾围兜等。『送祝米』也是祝愿新生儿一辈子衣食无忧，顺顺利利。

『送祝米』后，娘家人就要忙开了，米酿甜酒，给新生儿准备摇床、摇篮，缝制衣服被褥，打手镯、项链、长命锁等金银饰品，在吃满月酒的那天热热闹闹地送到婆家去。

生娃要“送祝米”

“送祝米”是一个与生育有关的习俗，最早可追溯至魏晋时期，因“礼品中多有米”，又称“送米”。在物资贫乏的年代，能吃饱已实属不易，人们对稻米有着原始的崇拜。给刚生育的人家赠送大米，寓意祛除贫困、疾病，祈福母婴安康，亦称“送助米”，是邻里、亲友之间朴素的互帮互助精神的体现。

“送祝米”的习俗在多地都有，但每个地方又各不相同。淄川的风俗是孩子出生的第三天，媳妇娘家人会带着滋补品、尿布、火钵、烘篮之类的东西来看望产妇和婴儿，并且在这一天商量并定下“送祝米”的日子，即定下吉日。到了这一天，亲朋好友都会前来相聚，孩子的外公外婆、舅父舅母、大姨小姨等三亲六戚便浩浩荡荡地送来“祝米”。习俗发展到今天，“祝”不仅是帮助，更多的是祝贺、祝福的意思；“米”也不仅仅是大米，而是在米上放染红的鸡蛋，鸡蛋上再放衣帽鞋袜、毛巾围兜等。“送祝米”也是祝愿新生儿一辈子衣食无忧、顺顺利利。

“送祝米”后，娘家人就要忙开了。米酿甜酒，给新生儿准备摇床、摇篮，缝制衣服被褥，打手镯、项链、长命锁等金银饰品，在吃满月酒的那天热热闹闹地送到婆家去。

淄博方言：流淌在血脉里的文化符号

淄博话是山东方言的重要组成部分，是鲁中方言的典型代表，至今已有两千多年的历史。现在淄川、博山等片区的方言仍部分保留了历史上古齐国地区语言的腔调。淄博方言的重要特色之一就是『儿化韵』，但它又不同于普通话的『儿化韵』。普通话的『儿化韵』是卷起舌头发『不一音节的韵母，从而改变这个音节的读音，写成汉字就是在被儿化的字后边加一个『儿』字，比如『老伴儿』，但淄博式的『儿化韵』是『老拜』（老伴儿）、『走后眉』（走后门儿）。怎么听都有一种山东人的豪放在里边，说话不打卷。方言是不地方区别于其他地方最直接的表现形式之一，与本地泥土衔接，是纯正的母语。在农村长大的人基本都对方言有着深刻的体验和记忆，对于离家许久的游子来说，在外地听见家乡话也会备感亲切。也有在外生活久了潜移默化改变说家乡话的情况。据说，一小伙子从外地回家，到邻居家串门，家族中的一位长者见了他，便热情地询问：『你什么时候回来的？』小伙子礼貌地回答：『大伯，我昨晚（方言：夜来）回来的。』长者一听，这出去才几个月，怎么就把方言给改了？！时间长了，是不是连我这个大伯也不能认了。于是，长者就用略带教训加讽刺的语气说：『你坐碗（昨晚）回来的，不是坐着碟子回来的？』这个故事一度被传为笑谈。方言与普通话，是中国语言的传统文明与现代交流形式的碰撞。在推广普通话的同时，我们也应该适当地保护方言，毕竟这也是文化的符号与传承。

淄博方言：流淌在血脉里的文化符号

淄博话是山东方言的重要组成部分，是鲁中方言的典型代表，至今已有两千多年的历史，现在淄川、博山等片区的方言仍部分保留了历史上古齐国地区语言的腔调。

淄博方言的重要特色之一就是“儿化韵”，但它又不同于普通话的“儿化韵”。普通话的“儿化韵”是卷起舌头发一个音节的韵母，从而改变这个音节的读音，写成汉字就是在被儿化的字后边加一个“儿”字，比如“老伴儿”，但淄博式的“儿化韵”是“老拜”（老伴儿）、“走后眉”（走后门儿），怎么听都有一种山东人的豪放在里边，说话不打卷。

方言是一个地方区别于其他地方最直接的表现形式之一，与本地泥土衔接，是纯正的母语。在农村长大的人基本都对方言有着深刻的体验和记忆，对于离家许久的游子来说，在外地听见家乡话也会备感亲切。也有在外生活久了潜移默化改变说家乡话的情况。据说，一小伙子从外地回家，到邻居家串门，家族中的一位长者见了他，便热情地询问：“你什么时候回来的？”小伙子礼貌地回答：“大伯，我昨晚（方言：夜来）回来的。”长者一听，这出去才几个月，怎么就把方言给改了？时间长了，是不是连我这个大伯也不能认了。于是，长者就用略带教训加讽刺的语气说：“你坐碗（昨晚）回来的，不是坐着碟子回来的？”这个故事一度被传为笑谈。

方言与普通话，是中国语言的传统文明与现代交流形式的碰撞。在推广普通话的同时，我们也应该适当地保护方言，毕竟这也是文化的符号与传承。

淄博花灯

农历的正月十五是元宵节，在这一天，必不可少的活动就是赏花灯了。有诗描述赏灯的盛况："弦管千家沸此宵，花灯十里正迢迢。"淄博作为中国传统花灯的故乡之一，自然不会缺席这么重要的时刻。每逢元宵节，整座城市变身为灿烂的"花海"，同游人一同庆祝。

淄博花灯虽有名，起源却已无从考证。史料记载，明清时期，因当时淄博地区经济发达，百姓安居乐业，民间文化艺术也得到了长足的发展，花灯制作技术日益精湛。"丝绢宫灯""走马灯""荷花灯""西瓜灯""莲子灯"等花灯层出不穷，好看的花灯还吸引了皇帝的目光。《周村区志》记载："乾隆帝驾临观赏，御赐周村为'天下第一村'。"随着淄博陶瓷和琉璃等工业发展，淄博花灯也凭借深厚的文化底蕴和先进的工艺技术成为极具地域特色的品牌。一九八五年春，淄博花灯与自贡花灯在央视的舞台上同台斗艳，"南有自贡恐龙灯，北有哈市冰雪灯，东有淄博闹花灯"的说法由此流传开来。

随着科技和艺术元素加入，如今的淄博花灯更具创意和趣味，形式更加多变，主题更加丰富。除了传统经典故事外，巨型卡通人物，如史努比、灰姑娘的南瓜车等"网红"花灯走进了大众视野；灯光秀和裸眼3D等科技吸引了大批游客的到来。一年一度的淄博花灯节让越来越多的人了解淄博花灯……

淄博花灯

农历的正月十五是元宵节，在这一天，必不可少的活动就是赏花灯了。有诗描述赏灯的盛况："弦管千家沸此宵，花灯十里正迢迢。"淄博作为中国传统花灯的故乡之一，自然不会缺席这么重要的时刻。每逢元宵节，整座城市变身为灿烂的"花海"，同游人一同庆祝。

淄博花灯虽有名，起源却已无从考证。史料记载，明清时期，因当时淄博地区经济发达，百姓安居乐业，民间文化艺术也得到了长足的发展，花灯制作技术日益精湛。"丝绢宫灯""走马灯""荷花灯""西瓜灯""莲子灯"等花灯层出不穷，好看的花灯还吸引了皇帝的目光。《周村区志》记载："乾隆帝驾临观赏，御赐周村为'天下第一村'。"随着淄博陶瓷和琉璃等工业发展，淄博花灯也凭借深厚的文化底蕴和先进的工艺技术成为极具地域特色的品牌。1985年春，淄博花灯与自贡花灯在央视的舞台上同台斗艳，"南有自贡恐龙灯，北有哈市冰雪灯，东有淄博闹花灯"的说法自此流传开来。

随着科技和艺术元素加入，如今的淄博花灯更具创意和趣味，形式更加多变，主题更加丰富。除了传统经典故事外，巨型卡通人物，如史努比、灰姑娘的南瓜车等"网红"花灯走进了大众视野，灯光秀和裸眼3D等科技吸引了大批游客的到来。一年一度的淄博花灯节让越来越多的人了解淄博花灯这一非物质文化遗产，成为淄博市"走出去"最闪亮的名片之一。

深夜娶亲不该怪
翟三虎

博山一带深夜娶亲的婚俗，至今已有几百年了。零点一过，新郎家清点人马整装出发，必须要在天亮之前把新娘迎娶回来。据说，这一婚俗源于明末清初，名曰『避虎迎亲』，要避的是一个叫『翟三虎』的恶霸。

据当地老人讲，翟三虎家族势力很大，祖上被赐『丹书铁券』，家族直系子孙世代免死，所以才如此猖狂。翟三虎最好美色，整个博山，谁家姑娘被他看上就得遭殃，所以博山姑娘出嫁前都不敢出门。后来，也不知道谁给翟三虎出了个计策：抢花轿。女子出嫁当天最是好看，正中翟三虎『日日做新郎』的心思。自此，翟三虎没事就带着手下在博山一带游荡，看谁家娶亲就抢新娘。时间一长，老百姓都怕了，这才有了夜间偷偷娶亲的习俗。而且，新娘从娘家出门时不穿新衣，不上新妆，要到了婆家才开始打扮，也是防止半夜娶亲被翟三虎遇上。所以，旧时博山有『新媳妇，丑死驴』的俏皮说法。

深夜娶亲不该怪翟三虎

博山一带深夜娶亲的婚俗，至今已有几百年了。零点一过，新郎家清点人马整装出发，必须要在天亮之前把新娘迎娶回来。据说，这一婚俗源于明末清初，名曰“避虎迎亲”，要避的是一个叫“翟三虎”的恶霸。

据当地老人讲，翟三虎家族势力很大，祖上被赐“丹书铁券”，家族直系子孙世代免死，所以才如此猖狂。翟三虎最好美色，整个博山，谁家姑娘被他看上就得遭殃，所以博山姑娘出嫁前都不敢出门。后来，也不知道谁给翟三虎出了个计策：抢花轿。女子出嫁当天最是好看，正中翟三虎“日日做新郎”的心思。自此，翟三虎没事就带着手下在博山一带游荡，看谁家娶亲就抢新娘。时间一长，老百姓都怕了，这才有了夜间偷偷娶亲的习俗。而且，新娘从娘家出门时不穿新衣，不上新妆，要到了婆家才开始打扮，也是防止半夜娶亲被翟三虎遇上。所以，旧时博山有“新媳妇，丑死驴”的俏皮说法。

其实，翟三虎确有其人，可他非但不是恶霸，反而有着极好的名声。翟三虎的原型名叫“翟元会”，其父亲是明末兵部侍郎翟凤翀，其子是清初翰林翟延初。翟元会性情刚烈，做事大公无私，不避权贵人情，在民间颇有声望。因他面带三缕长胡，被戏称为“翟三胡”。后人推断，博山民间“避虎娶亲”中的“翟三虎”应当是“翟三胡”的谐音，至于为什么移花接木把好人当坏人，很可能是翟元会曾教训过仗势抢亲的家奴，后被世人传错了人名罢了。

喝酒，淄博的传统

齐人好酒，天下皆知。齐地酿酒技术与嗜酒风气在《齐民要术》中有详尽记录，也有野史描写高阳城（淄博西北）「户垂酒帜，家家造酒垆；迎风醉十里，酒馆密如林」。古往今来，从皇帝到百姓，从文人到走卒，酒俗之风长盛不衰。皇帝喝酒唱歌，自创酒令。《左传》记载，有一次，齐景公在宴会上与众人玩投壶罚酒的游戏，为了给自己「加戏」，齐景公现场作词唱道：「有酒如淮，有肉如陵，

寡人此中，与君代兴。」据说，这首「投壶歌」是最早的酒令歌。文人喝酒吟诗，曲水流觞。齐地古时有「三月三到天齐渊酒酒祭祀」的习俗，至明清时期演变为文人春季之会，文人墨客依照王羲之「曲水流觞」的典故，将美酒放入木盘，置入温泉中，木盘漂到谁跟前，谁就要吟诗一首，否则便罚酒一杯。百姓集体喝酒，就是高兴。齐国百姓喝酒更是洒脱，有时候不需缘由，不问时节，三五好友走到哪喝到哪；甚至遇见不相识之人，只要有酒便可同饮。稷下先生淳于髡曾言「州闾之会，男女杂坐，行酒稽留……」由此可见百姓聚会畅饮美酒的豪放场面。

喝酒，淄博的传统

齐人好酒，天下皆知。齐地酿酒技术与嗜酒风气在《齐民要术》中有详尽记录，也有野史描写高阳城（淄博西北）“户户垂酒幌，家家造酒垆；迎风醉十里，酒馆密如林”。古往今来，从皇帝到百姓，从文人到走卒，酒俗之风长盛不衰。

皇帝喝酒唱歌，自创酒令。《左传》记载，有一次，齐景公在宴会上与众人玩投壶罚酒的游戏，为了给自己“加戏”，齐景公现场作词唱道：“有酒如渑，有肉如陵，寡人此中，与君代兴。”据说，这首《投壶歌》是最早的酒令歌。

文人喝酒吟诗，曲水流觞。齐地古时有“三月三到天齐渊洒酒祭祀”的习俗，至明清时期演变为文人春季文会。文人墨客依照王羲之“曲水流觞”的典故，将美酒放入木盘，置入温泉中，木盘漂到谁跟前，谁就要吟诗一首，否则便罚酒一杯。

百姓集体喝酒，就是图高兴。齐国百姓喝酒更是洒脱，有时候不需缘由，不问时节，三五好友走到哪喝到哪；甚至遇见不相识之人，只要有酒便可同饮。稷下先生淳于髡曾言：“州闾之会，男女杂坐，行酒稽留……”由此可见百姓聚会畅饮美酒的豪放场面。

很多人在遇到开心的事情时经常会说，“此事，当浮一大白”，其实这句话也出自淄博。当年，齐桓公宴请诸侯，有一人迟到，被罚了一樽超大容器的白酒，这种惩罚被称为“浮”。所以，如果在淄博的聚会中迟到了，请自觉遵照传统，浮上一大白吧！

儿时游戏中的大智慧

回想儿时的游戏，虽然赢不来什么实质的奖励，却玩得十分认真，简单并快乐着。其中还藏着大智慧。旧时在淄博一带最时兴的游戏，你玩过几样？

磕拐。双手抱起一条腿成『拐』状，另一条腿单脚跳，用『拐』状膝盖去磕对手的膝盖，谁先站不住或者放手为输。磕拐的智慧在于，力量是优势，但并不是决胜因素，技巧和耐力才是决定胜负的关键。

摸乎。多人在一个固定区域里，如楼道胡同、小屋，一个人闭上眼，去摸其他移动的人，摸到并说对对方的名字算赢。摸乎的智慧在于，放弃习惯依赖的视觉感观，用听觉去感知、判断事物时，可能会发现更多惊喜。

挤油油。冬天时，多人贴墙站成一排，两头的人从队伍外以加塞的形式往中间挤，一旦成功再由两头的人重复进行。挤油油的智慧在于，在恶劣的环境中，竞争往往是另一种很好的『报团取暖』方式。

占山为王。众人抢夺土堆或者柴草垛的制高点，最终能击败众人者为『山大王』。占山为王的智慧在于在达到最终目的之前，最好的方法是找寻志同道合的盟友并肩作战。

赢得一场游戏的胜利，好像赢得了天下。时光回不去了，若有闲暇，不妨喊几个儿时玩伴，认真地再来一场无关输赢的游戏吧。

儿时游戏中的大智慧

回想儿时的游戏，虽然赢不来什么实质的奖励，却玩得十分认真，简单并快乐着，其中还藏着大智慧。旧时在淄博一带最时兴的游戏，你玩过几样？

磕拐。双手抱起一条腿成“拐”状，另一条腿单脚跳，用“拐”状膝盖去磕对手的膝盖，谁先站不住或者放手为输。磕拐的智慧在于，力量是优势，但并不是决胜因素，技巧和耐力才是决定胜负的关键。

摸乎。多人在一个固定区域里，如楼道、胡同、小屋；一个人闭上眼，去摸其他移动的人，摸到并说对对方的名字算赢。摸乎的智慧在于，放弃习惯依赖的视觉感观，用听觉去感知、判断事物时，可能会发现更多惊喜。

挤油油。冬天时，多人贴墙站成一排，两头的人从队伍外以加塞的形式往中间挤，一旦成功，再由两头的人重复进行。挤油油的智慧在于，在恶劣的环境中，竞争往往是另一种很好的“报团取暖”方式。

占山为王。众人抢夺土堆或者柴草垛的制高点，最终能击败众人者为“山大王”。占山为王的智慧在于，在达到最终目的之前，最好的方法是找寻志同道合的盟友并肩作战。

赢得一场游戏的胜利，好像赢得了天下。时光回不去了，若有闲暇，不妨喊几个儿时玩伴，认真地再来一场无关输赢的游戏吧。

第三章

淄博景致

周村“古商城”：乾隆御赐“天下第一村”

周村是拥有几千年历史的商业城市。秦汉时期，这里便是重要的桑麻和丝绸生产基地，是古丝绸之路的主要货物来源地。唐朝时期，明教（也叫摩尼教）沿丝绸之路从波斯传到中国，在周村修建明教寺，形成了居民的聚集。人的集聚带来了贸易的繁荣，进而形成了街市，产生了定期的庙会和大集，以交易日用杂货、农贸产品以及最为重要的周村丝绸，吸引了全国各地的客商，使周村成为当时重要的商业城市。

几百年来，任历史的车轮滚滚向前转动，这里却依旧保留了其特有的韵味，被古建筑学家誉为“中国活着的古商业街市建筑博物馆群”。这里是周村古商城，中国古商业文化的优秀代表，鲁商发源地。一七七五年，乾隆南巡到此，为周村亲笔题写“天下第一村”。

至今，周村古商城仍保持着古朴的明清原貌和历史本色，形成了以鲁商发源地、民俗展演地、影视拍摄地、中国历史文化街区为主的四大品牌，深厚的历史底蕴和文化氛围，造就了古商城不同时空下的恒久魅力。

周村古商城：乾隆御赐“天下第一村”

几百年来，任历史的车轮滚滚向前转动，这里却依旧保留了其特有的韵味，被古建筑学家誉为“中国活着的古商业街市建筑博物馆群”。这里是周村古商城，中国古商业文化的优秀代表，鲁商发源地。1775年，乾隆南巡到此，为周村亲笔题写“天下第一村”。

周村是拥有几千年历史的商业城市。秦汉时期，这里便是重要的桑麻和丝绸生产基地，是古丝绸之路的主要货物来源地。唐朝时期，明教（也叫摩尼教）沿丝绸之路从波斯传到中国，在周村修建明教寺，形成了居民的聚集。人的集聚带来了贸易的繁荣，进而形成了街市，产生了定期的庙会和大集，用以交易日用杂货、农贸产品以及最为重要的周村丝绸，吸引了全国各地的客商，使周村成为当时重要的商业城市。

明朝时期，大量人口从山西、陕西等地迁入，大量晋商的到来促进了周村商业的发展。庙会的繁荣汇聚了来自山区、平原和沿海区域的各种物产，周村的影响力越来越大，最终成为全国没有与水路相通的四大旱码头之一。清光绪三十年，周村被批准开辟为商埠，从此走上商业发展的巅峰。

至今，周村古商城仍保持着古朴的明清原貌和历史本色，形成了以鲁商发源地、民俗展演地、影视拍摄地、中国历史文化街区为主的四大品牌，深厚的历史底蕴和文化氛围，造就了古商城不同时空下的恒久魅力。

大染坊：周村织染业兴盛与民族工业发展的见证者

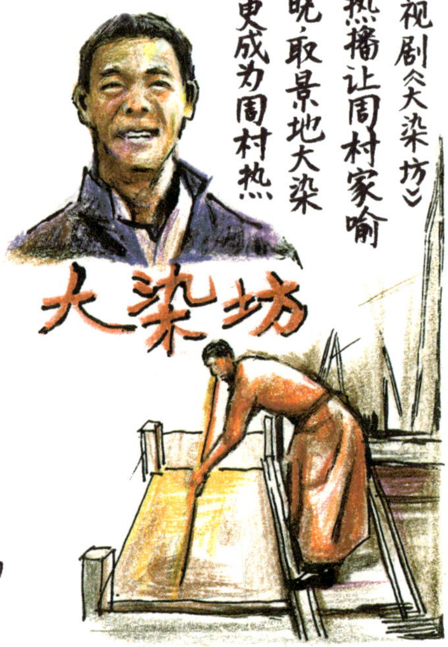

电视剧《大染坊》的热播让周村家喻户晓，取景地大染坊更成为周村热门的旅游景点。大染坊是清道光年间"东来升绸布庄"的旧址，由周村王家庄子克勤堂张氏与十字胡同燕翼堂王氏合资创办，典型的前店后场式格局保存完好，距今有近200年的历史。大染坊原为四进深院落，展示了清末染坊的繁荣盛景。

东来升绸布庄主要经营浆染业务，将收购来的丝绸、坯布进行整理、染色、加工，然后批发出去。"东来升"以所染丝绸质量好，店铺信誉优而闻名，经营规模不断扩大，先后在济南、天津、北京、保定等地设立分号，前来进货的客商络绎不绝，生意十分红火。抗日战争时期，"东来升"因拒绝与日本人合作而被迫停止营业。

大染坊丝绸代表了山东丝绸生产的最高水平，也见证了周村织染业的发展繁荣。电视剧《大染坊》就是以此为背景拍摄的，剧中陈寿亭在周村创业，经历了织染业艰难曲折的发展历程，最终成为大实业家，展示了一代民族资本家的智慧、诚信和爱国精神。

现在，在大染坊里仍能看见一匹匹五彩缤纷的印染棉布搭在竹竿上，随风飞舞，恍若看到百年以前朴实无华的工匠们正在有条不紊地织染，晾晒布匹。

大染坊：周村织染业兴盛与民族工业发展的见证者

电视剧《大染坊》的热播让周村家喻户晓，取景地大染坊更成为周村热门的旅游景点。大染坊是清道光年间“东来升绸布庄”的旧址，由周村王家庄子克勤堂张氏与十字胡同燕翼堂王氏合资创办，典型的前店后场式格局，保存完好，距今有近200年的历史。大染坊原为四进深院落，展示了清末染坊的繁荣盛景。

东来升绸布庄主要经营浆染业务，将收购来的丝绸、坯布进行整理、染色、加工，然后批发出去。“东来升”以所染丝绸质量好、店铺信誉优而闻名，经营规模不断扩大，先后在济南、天津、北京、保定等地设立分号，前来进货的客商络绎不绝，生意十分红火。抗日战争时期，“东来升”因拒绝与日本人合作而被迫停止营业。大染坊丝绸代表了山东丝绸生产的最高水平，也见证了周村织染业的发展繁荣。电视剧《大染坊》就是以此为背景拍摄的，剧中陈寿亭在周村创业，经历了织染业艰难曲折的发展历程，最终成为大实业家，展示了一代民族资本家的智慧、诚信和爱国精神。

现在，在大染坊里仍能看见一匹匹五彩缤纷的印染棉布搭在竹竿上，随风飞舞，恍若看到百年以前朴实无华的工匠们正在有条不紊地织染、晾晒布匹。

今日无税碑：中国第一个"保税区"

周村古商城北段的小广场中有一座古朴的六面石碑，其正面刻着"今日无税"四个字：今天不用交税！从古到今，任何商人听闻此言都会高兴得跳起来吧！而立碑者李化熙，竟凭借一己之力，让"今日"延续了近二百年。清代初期，周村古商城已在整个山东颇具盛名，是方圆百里的商业中心。原本商人做正经买卖，照章纳税也是本分，可当时负责在商街收税的是县里设立的"二公衙门"，说白了就是一些游手好闲的地痞承包收税工作，他们巧立名目向商户收税，从而中饱私囊。税高了，有些商户选择低价倾销后离开周村，有些则只能靠涨价来确保收益。一时间，周村商业乌烟瘴气，十分低迷。此时，任刑部尚书的李化熙回乡省亲，从乡亲们口中得知此事，非常生气，但他心知若凭自己的官威打击市井宵小，治标不治本，于是李化熙上书顺治帝，为周村申请免除一日赋税，待得到皇帝圣谕之后，他命人将"今日无税"刻碑立于市中，并告诉所有人，这是奉旨行事，违者严惩。日复一日，周村再无人敢乱收商税。周村街无税之事很快宣扬开来，众多商号蜂拥而来，商街日益兴盛。此处成了中国历史上第一个"保税区"。李化熙深知这"文字游戏"无法庇护周村太长时间，赋税又是国之根本，于是用自己的俸禄为周村商街代完市税，且其家族共七代人秉行此事，有近二百年的传承。如今这块石碑早已成为周村古商城的"网红"打卡地。

今日无税碑：中国第一个“保税区”

周村古商城北段的小广场中有一座古朴的六面石碑，其正面刻着“今日无税”四个字。今天不用交税！从古到今，任何商人听闻此言都会高兴得跳起来吧！而立碑者李化熙，竟凭借一己之力，让“今日”延续了近二百年。

清代初期，周村古商城已在整个山东颇具盛名，是方圆百里的商业中心。原本，商人做正经买卖，照章纳税也是本分，可当时负责在商街收税的是县里设立的“二公衙门”，说白了就是当地一些游手好闲的地痞承包收税工作，他们巧立名目向商户收税，从而中饱私囊。税高了，有些商户选择低价倾销后离开周村，有些则只能靠涨价来确保收益。一时间，周村商业乌烟瘴气，十分低迷。此时，任刑部尚书的李化熙回乡省亲，从乡亲们口中得知此事，非常生气。但他心知，若凭自己的官威打击市井宵小，治标不治本。于是，李化熙上书顺治帝，为周村申请免除一日赋税；待得到皇帝圣谕之后，他命人将“今日无税”刻碑立于市中，并告诉所有人，这是奉旨行事，违者严惩。日复一日，周村再无人敢乱收商税。周村街无税之事很快宣扬开来，众多商号蜂拥而来，商街日益兴盛。此处成了中国历史上第一个“保税区”。李化熙深知这“文字游戏”无法庇护周村太长时间，赋税又是国之根本，于是用自己的俸禄为周村商街代完市税，且其家族共七代人秉行此事，有近二百年的传承。

如今这块石碑早已成为周村古商城的“网红”打卡地。

大德通票号：看古代汇票如何防伪

周村古商城里的大德通票号是过去整条商街里唯一的银行，虽是分号，信誉如一，此处商户绝大多数是票号的客户。经商本就是东买西卖，越是大生意，货物跨市跨省越是寻常，汇票也就越发常用。可以说，汇票是商家对票号的信任。在没有防伪水印的时代，大德通票号私有一套防伪措施。

周村大德通票号，一进门的左手边，便是当时的揽柜坊，相当于今天银行柜台，在揽柜坊上挂着一面字牌，上书「防假密押」及一众字样，防伪措施的玄妙就在其中。起首「谨防假票冒取，勿忘细视书章」十二个字，代表一年十二个月；而后「堪笑世情薄，天道最公平……到头心分明」三十个字，代表一个月中的三十天（当时按农历，每月最多三十天）；再后「生客多察看，斟酌而后行，乔氏连城璧，由来天下传」。这二十个字拆开分年及月使用，代表数字为零到玖；最后「国宝流通」四个字代表金额单位十、百、千、万。所有的内容交错叠加在汇票上尔视，使清楚记录了某月某日，汇票金额是多少。除此之外，按照生意兴旺程度，票号会不定期更换悬挂字牌。据说，至一九二一年票号停业，前后总共换过二百多个防伪字牌，再加上票号和委托人多方印鉴，几乎每一张汇票都是独一无二的，想要造假冒领钱还真是不太可能。

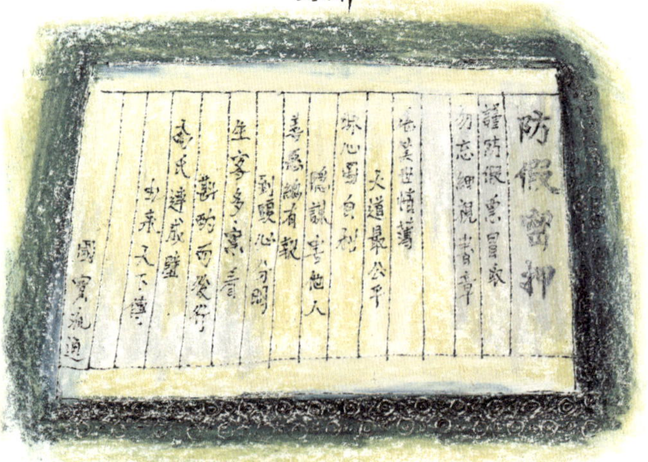

大德通票号：看古代汇票如何防伪

周村古商城里的大德通票号是过去整条商街里唯一的银行，虽是分号，信誉如一，此处商户绝大多数是票号的客户。经商本就是东买西卖，越是大生意，货物隔市跨省越是寻常，汇票也就越发常用。可以说，汇票是商家对票号的信任。在没有防伪水印的时代，大德通票号独有一套防伪措施。

周村大德通票号，一进门的左手边，便是当时的揽柜坊，相当于今天银行柜台；在揽柜坊上挂着一面字牌，上书“防假密押”及一众字样，防伪措施的玄妙就在其中。起首“谨防假票冒取，勿忘细视书章”十二个字，代表一年十二个月；而后“堪笑世情薄，天道最公平……到头心分明”三十个字，代表一个月中的三十天（当时按农历，每月最多三十天）；再后“生客多查看，斟酌而缓行；乔氏连城壁，由来天下传”。这二十个字拆开分单双月使用，代表数字为零到玖；最后“国宝流通”四个字代表金额单位十、百、千、万。所有的内容交错叠加在汇票上出现，便清楚记录了某月某日，汇票金额是多少。除此之外，按照生意兴旺程度，票号会不定期更换悬挂字牌。据说，至1921年票号停业，前后总共换过二百多个防伪字牌，再加上票号和委托人多方印鉴，几乎每一张汇票都是独一无二的，想要造假冒认领钱还真是不太可能。

君子爱财取之有道，票号也是一门生意，所以大德通的创始人乔致庸将“信”字作为票号运营第一守则。怪不得大德通周村分号在此经营多年鲜有恶闻，票号的地库里存放金银无数，也从未有过闪失。

齐文化博物馆之"小牛"奇遇记

齐文化博物馆是临淄的地标建筑，外观如七个正方土台逆时针扭转螺旋上升，气势恢宏。馆藏文物数量多且等级高，计三万余件，其中国家一级文物三十八件，是国家二级博物馆。镇馆之宝是一头"小牛"，官方名曰"国宝牺尊"。

战国时，齐都外，一场隆重的祭祀正在进行。侍者怀中紧抱一牛形酒具，其造型可爱，嘴巴微张，双目圆睁，像极了肉嘟嘟的小牛犊，令人啧啧称奇。

一九八二年七月的一天，齐国故城南商王村砖窑厂，村民齐中华带着十几岁的儿子和五名村民挖取沙土用以制砖。到了晚上，他们竟然挖到了石子层。疲惫的村民十分生气，因为带有杂质的土无法烧出合格的砖。一村民负气地砸了一下镢头，谁知这一镢头下去却发出了异常声响。村民立刻拨开土，露出一块铜器，形似动物的腿。齐家儿子提着腿就把它拽了出来。这是一件灰绿色的牛形器物，身上镶嵌了许多金银丝，左眼球是块"黑宝石"，但右眼的宝石已经缺失。

村民们很快意识到这是件非同一般的文物，遂上交文物部门。恰巧文物专家罗勋章在临淄，立刻认出了小牛真身——牺尊。"牺尊"是用于宗庙祭祀的纯色牛，"尊"是古代盛酒的礼器。牺尊异常贵重，是《周礼》里面记载的六尊之一，错金银的镶嵌工艺是当时青铜器制作的最高水准。

齐文化博物馆之“小牛”奇遇记

齐文化博物馆是临淄的地标建筑，外观如七个正方土台逆时针扭转螺旋上升，气势恢宏。馆藏文物数量多且等级高，计3万余件，其中国家一级文物38件，是国家二级博物馆。镇馆之宝是一头“小牛”，官方名曰“国宝牺尊”。

战国时，齐都外，一场隆重的祭祀正在进行。侍者怀中紧抱一牛形酒具，其造型可爱，嘴巴微张，双目圆睁，像极了肉嘟嘟的小牛犊，令人啧啧称奇。

1982年7月的一天，齐国故城南商王村砖窑厂，村民齐中华带着十几岁的儿子和5名村民挖取沙土用以制砖。到了晚上，他们竟然挖到了石子层。疲惫的村民十分生气，因为带有杂质的土无法烧出合格的砖。一村民负气地砸了一下镢头，谁知这一镢头下去却发出了异常声响。村民立刻拨开土，露出一块铜器，形似动物的腿。齐家儿子提着腿就把它拽了出来。这是一件灰绿色的牛形器物，身上镶嵌了许多金银丝,左眼球是块“黑宝石”,但右眼的宝石已经缺失。

村民们很快意识到这是一件非同一般的文物，遂上交文物部门。恰巧文物专家罗勋章驻留临淄，立刻认出了小牛真身——牺尊。“牺”是用于宗庙祭祀的纯色牛，“尊”是古代盛酒的礼器。牺尊异常贵重，是《周礼》里面记载的六尊之一，错金银的镶嵌工艺是当时青铜器制作的最高水准。

中国陶瓷琉璃馆：碰瓷？请避开这里

这是一条总长约两千米的展线，陈列了跨越上下一万年的瓷器展品，从新石器时代早期后李文化到夏商周至元明清各朝代，再到当代国内外的大师级艺术精品，这里应有尽有。这里是中国陶瓷琉璃馆，这里的瓷被誉为"当代国宾瓷"，坚决不能碰。

一九五九年，国家决定在北京设立人民大会堂、北京火车站等十大工程，会堂内各省厅的陈设及会议接待用品由各省自行配置。山东省政府便将山东厅日用瓷、陈设瓷的任务交给了淄博瓷厂。淄博瓷厂接到这一任务后备感光荣，决定生产出最好的产品供人民大会堂使用。瓷厂组织设计人员进行设计，从整体器型到花面装饰无不精益求精，最终通过厂内、市级、省级多层评选，生产出茶具、杯碟、烟灰缸等共计一千二百九十件瓷器，由省政府专车送往北京。这些瓷器获得了党和国家领导人的一致好评。同时，淄博瓷厂还为北京火车站、体育馆、会议室等地供应了九千多件瓷器。

一九六四年的国庆十五周年，淄博瓷厂为人民大会堂山东厅生产的青花开湖餐茶具，成为淄博为人民大会堂提供的首批国家用瓷，开启了淄博陶瓷"当代国宾瓷"的历史。此后，在国庆三十周年、五十周年、六十周年等重大庆典活动或重要接待中，均能看到淄博陶瓷的身影。这是淄博陶瓷的荣耀，也向世界展示了淄博陶瓷丰厚的文化底蕴和无限的艺术魅力。

中国陶瓷琉璃馆：碰瓷？请避开这里

这是一条总长约2000米的展线，陈列了跨越上下一万年的陶瓷展品，从新石器时代早期后李文化，到夏商周至元明清各朝代，再到当代国内外的大师级艺术精品，这里应有尽有。这里是中国陶瓷琉璃馆，这里的瓷被誉为“当代国窑”，坚决不能碰！

1959年，国家决定在北京设立人民大会堂、北京火车站等十大工程，会堂内各省厅的陈设及会议接待用品由各省自行配置。山东省政府便将烧制山东厅日用瓷、陈设瓷的任务交给了淄博瓷厂。淄博瓷厂接到这一任务后备感光荣，决定生产出最好的产品供人民大会堂使用。瓷厂组织设计人员进行设计，从整体器型到花面装饰无不精益求精，最终通过厂内、市域、省域多层评选，生产出茶具、杯碟、烟灰缸等共计1290件瓷器，由省政府专车送往北京。这些瓷器获得了党和国家领导人的一致好评。同时，淄博瓷厂还为北京火车站、体育馆会议室等地供应了9000多件瓷器。

1964年的国庆15周年，淄博瓷厂为人民大会堂山东厅生产的青花明湖餐茶具，成为淄博为人民大会堂提供的首批国家用瓷，开启了淄博陶瓷“当代国窑”的历史。此后，在国庆30周年、50周年、60周年等重大庆典活动或重要接待中，均能看到淄博陶瓷的身影。这是淄博陶瓷的荣耀，也向世界展示了淄博陶瓷丰厚的文化底蕴和无限的艺术魅力。

藏在高速公路下面的博物馆

中国古车博物馆是一座"夹在中间"的博物馆，因为它的脚下是沉睡千年的后李文化遗址，头顶的是汽车飞驰的济青高速公路。古车博物馆的大部分藏在了济青高速公路的下面。为什么要建在这里？这就要提到一九九0年全国十大考古发现之一的殉车马遗址，古车博物馆就是在遗址的基础上修建的。

齐国是"千乘之国"，齐人的造车技术对世界车辆的发展有着不可磨灭的历史贡献。在古代，马车是国力的象征。甚至可以说，正是因为马车的存在，田单才有机会续写齐国历史。公元前二八四年，燕国大将乐毅攻陷临淄城，齐国国破，残兵败走即墨。可燕军一直紧追不舍，如何甩掉燕军成了齐国续命当下最紧迫的难题。眼看燕军就要追上，田单急中生智，将车轴末端削短数寸，使车身整体变窄，得以藏身于山谷和密林中，最终躲过追杀。正因为田单对马车的"神来之笔"，保留了齐国最后的兵力，才有机会在五年后大破燕军，收复临淄城。

两千多年过去了，藏在高速公路下面的博物馆正带领观众穿越浩瀚的历史，人们通过殉车马遗址来想象当年"车马之国"的盛况，从斑驳黄土中依稀窥探田单复国时的背水一战。

藏在高速公路下面的博物馆

中国古车博物馆是一座“夹在中间”的博物馆，因为它的脚下是沉睡千年的后李文化遗址，头顶是汽车飞驰的济青高速公路。古车博物馆的大部分藏在了济青高速公路的下面。为什么要建在这里？ 这就要提到1990年全国十大考古发现之一的殉车马遗址，古车博物馆就是在遗址的基础上修建的。

齐国是“千乘之国”，齐人的造车技术对世界车辆的发展有着不可磨灭的历史贡献。在古代，马车是国力的象征。甚至可以说，正是因为马车的存在，田单才有机会续写齐国历史。

公元前284年，燕国大将乐毅攻陷临淄城，齐国国破，残兵败走即墨。可燕军一直紧追不舍，如何甩掉燕军成了齐国续命当下最紧迫的难题。眼看燕军就要追上，田单急中生智，将车轴末端削短数寸，使车身整体变窄，得以藏身于山谷和密林中，最终躲过追杀。正因为田单对马车的“神来之砍”，保留了齐国最后的兵力，才有机会在五年后大破燕军，收复临淄城。

两千多年过去了，藏在高速公路下面的博物馆正带领观众穿越浩瀚的历史，人们通过殉车马遗址来想象当年“车马之国”的盛况，从斑驳黄土中依稀窥探田单复国时的背水一战。

来张店重温上学时光

相信大部分八零、九零后的"老同学们"都会唱这首儿歌"小嘛小儿郎，背着那书包上学堂，不怕太阳晒，也不怕那风雨狂，只怕先生骂我懒哟，没有学问哪无颜见爹娘。"带着课本上学的日子终将一去不复返，但在淄博张店，有一家课本博物馆在等着你来探寻中国课本的历史，帮助你追忆小时候的故事。

二〇一六年教师节那天，中国课本博物馆开馆，成为世界上规模最大、国内首家以课本为主题的博物馆，也成为淄博著名的情感地标。自一八六二年京师同文馆建立，到现行各级教材，共两万多册课本，博物馆都有收藏。

为了重现百年教科书史和校园记忆，博物馆一直面向全国征集一切与学校和课本有关的纪念物。其中，最受欢迎的是各个学校的校徽，从小学、中学到大学，似乎刻着母校名字的小小铁牌，倾注了所有毕业生的无限回忆。

其实，最开始博物馆只留了一小块玻璃柜展示仅有的几所学校的校徽。开馆不久后，一名游客在参观时惊喜地发现了自己母校的名字，于是开心地和同伴分享。

可惜，博物馆当时并没有其同伴母校的校徽，于是同伴当即表示，愿意捐赠自己的学校校徽给博物馆，想让更多人了解中国的学校。不久之后博物馆收到了这名游客的邮件，他还向周围的朋友征集了他们的校徽，一并寄给了博物馆。这些校徽的历史甚至跨越了近半个世纪。如今课本博物馆已经收集了上百所学校的校徽，它们都安安稳稳地挂在博物馆里，等待游客的到来，点亮曾经的记忆和年少时的梦。

课本博物馆

来张店重温上学时光

相信大部分80、90后的“老同学们”都会唱这首儿歌：“小嘛小儿郎，背着那书包上学堂，不怕太阳晒，也不怕那风雨狂，只怕先生骂我懒哟，没有学问那无颜见爹娘。”带着课本上学的日子终将一去不复返，但在淄博张店，有一家课本博物馆在等着你来探寻中国课本的历史，帮助你追忆小时候的故事。

2016年教师节那天，中国课本博物馆开馆，成为世界上规模最大、国内首家以课本为主题的博物馆，也成为淄博著名的情感地标。自1862年京师同文馆建立，到现行各级教材，共两万多册课本，博物馆都有收藏。

为了重现百年教科书史和校园记忆，博物馆一直面向全国征集一切与学校和课本有关的纪念物。其中，最受欢迎的是各个学校的校徽，从小学、中学到大学，似乎刻着母校名字的小小铁牌，倾注了所有毕业生的无限回忆。其实，最开始博物馆只留了一小块玻璃柜展示仅有的几所学校的校徽。开馆不久后，一名游客在参观时惊喜地发现了自己母校的名字，于是开心地和同伴分享。可惜，博物馆当时并没有其同伴母校的校徽，于是同伴当即表示，愿意捐赠自己的学校校徽给博物馆，让更多人了解中国的学校。不久之后，博物馆收到了这名游客的邮件，他还向周围的朋友征集了他们的校徽，一并寄给了博物馆。这些校徽的历史甚至跨越了近半个世纪！

如今课本博物馆已经收集了上百所学校的校徽，它们都安安稳稳地挂在博物馆里，等待游客的到来，点亮曾经的记忆和年少时的梦。

小贴士：

《毕业歌》

田汉作词、聂耳作曲

同学们，大家起来，担负起天下的兴亡！听吧，满耳是大众的嗟伤！看吧，一年年国土的沦丧！我们是要选择“战”还是“降”？我们要做主人去拼死在疆场，我们不愿做奴隶而青云直上！我们今天是桃李芬芳，明天是社会的栋梁；我们今天是弦歌在一堂，明天要掀起民族自救的巨浪！巨浪，巨浪，不断地增长！同学们！同学们！快拿出力量，担负起天下的兴亡！

一百多年前，山东小学的课本就很具有时效性了。1912年4月14日，泰坦尼克号与冰山相撞沉入海底。同年八月，中国学堂将这一新闻事件收录在课本中，作为安全自救逃生的教材。

聊斋城：我有一壶茶，你有故事吗

聊斋城位于淄川区洪山镇蒲家庄，这里是蒲松龄先生的故居，也是《聊斋志异》诞生的地方。聊斋城是以园林为表现形式，以聊斋故事为主题的组群式大型明园景区，内有柳泉、聊斋宫、狐仙园、石隐园、满井寺、俚曲茶座、墓园等旅游景点，更有道不尽的神奇故事。

聊斋城内的『网红』景点当属柳泉和聊斋宫。柳泉原名满井，因井水常满常溢而得名，又因四周植柳百株，有柳有泉，故曰柳泉，蒲松龄自号『柳泉居士』也是因此。当年，这里是青州府通往济南府的交通要道，路人特别多。蒲松龄在柳泉旁的茅亭下，以泉水泡茶，邀请路人前来歇脚喝茶。茶水不要钱，但路人需要讲一个故事作为交换。这些故事多是奇异的狐鬼传说，蒲公通过搜集素材再创作，完成了短篇小说集《聊斋志异》。如今，柳泉茅亭俨然，垂柳依依，仍依稀可见当年的胜景。聊斋宫外景似琼楼横空、碧湖青山，宛如天上宫阙；内有《罗刹海市》《席方平》《画皮》等聊斋故事的艺术雕刻作品，并通过现代彩塑以及灯光、音响、电影特技等高科技表现手法，活灵活现地再现了蒲松龄手下的各种神鬼狐妖的艺术形象。

漫步聊斋城，避开人世间的喧嚣，尽情感受一代文豪蒲松龄笔下的狐鬼仙妖世界。不过，你可要小点声哦，当心惊醒了睡梦中的小妖。

聊斋城：我有一壶茶，你有故事吗

聊斋城位于淄川区洪山镇蒲家庄，这里是蒲松龄先生的故居，也是《聊斋志异》诞生的地方。聊斋城是以园林为表现形式、以聊斋故事为主题的组群式大型明园景区，内有柳泉、聊斋宫、狐仙园、石隐园、满井寺、俚曲茶座、墓园等旅游景点，更有道不尽的神奇故事。

聊斋城内的“网红”景点当属柳泉和聊斋宫。柳泉原名满井，因井水常满常溢而得名，又因四周植柳百株，有柳有泉，故曰柳泉，蒲松龄自号“柳泉居士”也是因此。当年，这里是青州府通往济南府的交通要道，路人特别多。蒲松龄在柳泉旁的茅亭下，以泉水泡茶，邀请路人前来歇脚喝茶。茶水不要钱，但路人需要讲一个故事作为交换。这些故事多是奇异的狐鬼传说，蒲公通过搜集素材再创作，完成了短篇小说集《聊斋志异》。如今，柳泉茅亭俨然，垂柳依依，仍依稀可见当年的胜景。聊斋宫外景似琼楼横空，碧湖青山，宛如天上宫阙；内有《罗刹事》《席方平》《画皮》等聊斋故事的艺术雕刻作品，并通过现代彩塑以及灯光、音响、电影特技等高科技表现手法，活灵活现地再现了蒲松龄手下的各种神鬼狐妖的艺术形象。

漫步聊斋城，避开人世间的喧嚣，尽情感受一代文豪蒲松龄笔下的狐鬼仙妖世界。不过，你可要小点声哦，当心惊醒了睡梦中的小妖。

『华夏经济改革第一人』长眠于此

管仲纪念馆依托管仲墓而建，于2004年开馆。自2010年开始这里每年都会举办『管夷吾纪念活动』。牛山脚下，淄水河畔，『中华第一相』长眠于此，两千多年以来一直享受着后人的敬仰与怀念。

公元前645年，管仲因病去世，被葬于牛山北麓，不少文人墨客都曾来到牛山吟诗作赋，抚今悼昔。『一匡霸业为齐开』，管仲被世人敬仰其中很重要的一点是辅佐公子小白登上霸主之位，作为『成功男人背后最重要的男人』，管仲不仅发明了『庭燎招贤』的方法广纳人才，更首创了『官山海』盐铁专卖制度，成了华夏经济改革第一人。因为齐地有着丰富的海洋资源和铁矿资源，由国家专营盐、铁——这两种日常生活中必不可少、销量最大的商品，保证了税收，同时发展士、农、工、商，四驾马车并驾齐驱，齐国也因此国富民强，百业兴旺。

改革开放后，文物古迹逐渐获得重视，政府和民间资本在管仲墓的北侧修建了管仲祠和中国宰相馆。加上新规划的馆区和园区共同组建成占地20万平方米的管仲纪念馆，用来纪念管仲的功绩。

管仲纪念馆高大壮观，馆藏丰富，仿古的壁画和现代科技生动地展示了管仲对中华民族发展的历史贡献和深刻影响。如果你是经济发烧友，不妨来管仲纪念馆一探究竟，红门青瓦、绿树黄墙，穿透历史迷雾寻找岁月留下的痕迹，在千年古都城外的牛山脚下，和中国最早的经济改革家来一场穿越时空的心灵对话。

“华夏经济改革第一人”长眠于此

管仲纪念馆依托管仲墓而建，于2004年开馆。自2010年开始，这里每年都会举办“管夷吾纪念活动”。牛山脚下，淄水河畔，“中华第一相”长眠于此，两千多年以来一直享受着后人的敬仰与怀念。

公元前645年，管仲因病去世，被葬于牛山北麓。不少文人墨客都曾来到牛山，吟诗作赋，抚今悼昔。“一匡霸业为齐开”，管仲被世人敬仰，其中很重要的一点是辅佐公子小白登上霸主之位。作为“成功男人背后最重要的男人”，管仲不仅发明了“庭燎招贤”的方法广纳人才，更首创了“官山海”盐铁专卖制度，成了华夏经济改革第一人。因为齐地有着丰富的海洋资源和铁矿资源，由国家专营盐、铁——这两种日常生活中必不可少、销售量最大的商品，保证了税收；同时发展士、农、工、商，四驾马车并驾齐驱，齐国也因此国富民强，百业兴旺。

改革开放后，文物古迹逐渐获得重视，政府和民间资本在管仲墓的北侧修建了管仲祠和中国宰相馆。加上新规划的馆区和园区，共同组建成占地20万平方米的管仲纪念馆，用来纪念管仲的功绩。

管仲纪念馆高大壮观，馆藏丰富，仿古的壁画和现代科技生动地展示了管仲对中华民族发展的历史贡献和深刻影响。如果你是经济发烧友，不妨来管仲纪念馆一探究竟。红门青瓦、绿树黄墙，穿透历史迷雾，寻找岁月留下的痕迹。在千年古都城外的牛山脚下，和中国最早的经济改革家来一场穿越时空的心灵对话。

东周殉马坑：国宝换火柴？

齐国尚武，追求『马上千秋』的荣耀，是千乘之国。齐王生前爱马，死后也要马匹与之长埋地下，幻想着能够在另一个世界驰骋疆场，继续千秋霸业。这就是东周殉马坑的由来。齐王即齐景公，一位又残忍又另类的君主，还是齐国执政时间最长的一位国君。《论语·季氏》有言：『齐景公有马千驷』，还传说他因爱马死去要处死马倌，其爱马的癖好人尽皆知。只是可怜了这些数量惊人的壮年马匹，还未实现自己的价值就被残忍杀死在地下，经受日月的腐蚀，最后仅剩森森骸骨。如果不是考古队的发掘，这惊人的殉马坑，恐怕难有重见天日的一天。无数的马骨可能避免不了被制成火柴的命运，被燃烧殆尽。1964年，临淄河崖头村尚未实现通电，生火做饭、取暖照明都需要用到火柴。那时候，村民以物易物的交换行为还很普遍，他们就用马骨跟货郎换取火柴，以供日用。因为马骨中磷元素的含量丰富，这些马骨就被青州的一家火柴厂收购并制成了火柴。然后经过货郎之手，实现马骨—火柴—马骨的不断循环。这些骸骨之所以被确定为马骨并得以发掘和保护，得益于当时考古队伍中一位『老马』同志的迅速判断。老马是国家文化部文物事业管理局委派的专家，为古墓发掘贡献了不可忽视的力量。

东周殉马坑：国宝换火柴？

齐国尚武，追求“马上千秋”的荣耀，是千乘之国。齐王生前爱马，死后也要马匹与之长埋地下，幻想着能够在另一个世界驰骋疆场，继续千秋霸业。这就是东周殉马坑的由来。

齐王即齐景公，一位又残忍又另类的君主，还是齐国执政时间最长的一位国君。《论语·季氏》有言，“齐景公曾有马千驷”，还传说他因爱马死去要处死马倌，其爱马的癖好人尽皆知。只是，可怜了这些数量惊人的壮年马匹，还未实现自己的价值就被残忍杀死，在地下经受日月的腐蚀，最后仅剩一堆骸骨。

如果不是考古队的发掘，这惊人的殉马坑，恐怕难有重见天日的一天。无数的马骨可能避免不了被制成火柴的命运，被燃烧殆尽。1964年，临淄河崖头村尚未实现通电，生火做饭、取暖照明都需要用到火柴。那时候，村民以物易物的交换行为还很普遍，他们就用马骨跟货郎换取火柴，以供日用。因为马骨中磷元素的含量丰富，这些马骨就被青州的一家火柴厂收购并制成了火柴，然后经过货郎之手，实现马骨——火柴——马骨的不断循环。

这些骸骨之所以被确定为马骨并得以发掘和保护，得益于当时考古队伍中一位“老马”同志的迅速判断。老马是国家文化部文物事业管理局委派的专家，为古墓发掘贡献了不可忽视的力量。

潭溪山最早名为"岑山"，《博山县志·方舆志·山脉》中记载："岑山，镇志名潭溪山，在县东八十里，根高峻。"而潭溪山这个名字，据说源于当地百姓引山中之水抗旱，取其"山中水潭，引溪溉田"之意。

汉初某年，淄川一带时逢大旱，岑山下的村落里存水仅够饮用，再无多余之水灌溉田地。田地减产必然影响税收，这是官府不愿看到的。于是，当地官员便吩咐府中各吏商讨办法。当时，府中有一

常年身穿鹿皮的木工小吏，人称"鹿皮公"。鹿皮公提出，当地皆知岑山上有泉水，只是常人很难取用，不如考虑引泉水到山下帮百姓抗旱。官员认为此法甚好，令鹿皮公办理此事。于是，鹿皮公带着十几名工匠上山寻找水源。众人日夜兼程，打造悬空阁道，设计运输转轮，数十日后，终于在山顶找到一汪水潭。水潭之下有多个泉眼，水质甘冽，既可饮用又可用于灌溉。选好水源后，一行人立即将潭水引作小溪，从山上一路引到村庄附近。山下百姓得此甘泉度过了旱年。为纪念鹿皮公潭水引溪，人们将岑山更名为潭溪山，鹿皮公也被当地人世代传颂。

潭溪山名字的由来

潭溪山名字的由来

潭溪山最早名为“岑山”，《博山县志·方舆志·山脉》中记载：“岑山，镇志名潭溪山，在县东八十里，极高峻。”而潭溪山这个名字，据说源于当地百姓引山中之水抗旱，取其“山中水潭，引溪澍田”之意。

汉初某年，淄川一带时逢大旱，岑山下的村落里存水仅够饮用，再无多余之水灌溉田地。田地减产必然影响税收，这是官府不愿看到的。于是，当地官员便吩咐府中各吏商讨办法。当时，府中有一常年身穿鹿皮的木工小吏，人称“鹿皮公”。鹿皮公提出，当地皆知岑山上有泉水，只是常人很难取用，不如考虑引泉水到山下帮百姓抗旱。官员认为此法甚好，令鹿皮公办理此事。于是，鹿皮公带着十几名工匠上山寻找水源。众人日夜兼程，打造悬空阁道，设计运输转轮，数十日后，终于在山顶找到一汪水潭。水潭之下有多个泉眼，水质甘洌，既可饮用又可用于灌溉。选好水源后，一行人立即将潭水引作小溪，从山上一路引到村庄附近。山下百姓得此甘泉度过了旱年。为纪念鹿皮公潭水引溪，人们将岑山更名为“潭溪山”，鹿皮公也被当地人世代传颂。

如今，潭溪山美丽依然，已成为淄博最受欢迎的自然景区之一。匠心独运的悬崖酒店、世界首例的高空玻璃栈道、激情洋溢的音乐节……游览潭溪山，饮一杯山中清泉，看日出日落碧山云海，俘获一份好心情。

小贴士：

鹿皮公的出处

汉刘向《列仙传·鹿皮公》：“鹿皮公者，淄川人也，少为府小吏木工，举手能成器械。岑山上有神泉，人不能至也。小吏白府君，请木工斤斧三十人，作转轮悬阁，意思横生。数十日，梯道四间成，上其巅，作祠舍，留止其旁。绝其二间以自固，食芝草，饮神泉。”

齐鲁空中走廊创世界首例

翔云桥是潭溪山景区最具特色的游览景观之一，它立于六百多米的高空，横跨于悬崖之间，比邻飞泻的瀑布，被誉为「齐鲁空中走廊」。与常规的高空玻璃栈道不同。作为世界首例无背索斜拉式弧形玻璃桥，翔云桥桥体的结构设计「创意与匠心并重」，当真是费了一番心思。

翔云桥的结构设计由同济大学建筑设计研究院完成，主要负责人为同济大学土木工程学院教授张其林。据说，张教授带队来到现场考察时，一眼就被潭溪山风光所吸引，尤其是悬崖间这一束瀑布，堪称神来之笔。起初经过勘测与研讨，团队共提出十余种不同的设计方案。但是，这些方案要么缺乏新意，要么影响悬崖瀑布的景观视觉，要么载重量无法满足使用要求，从而全部被推翻。此时，张教授再次带团队来到崖间，重新开始设计。在保证使用需求的前提下，放弃了桥墩结构，淘汰了斜拉索式设计，尽可能不破坏整个悬崖与瀑布甚至还考虑到观看夕阳等细节问题。最终，经过无数次的设计、推演、计算、「模型」和技术难点攻关，这座无背索斜拉式弧形玻璃桥才横空出世」，成为整个潭溪山引以为傲的世界首例。

乘坐百米观光电梯直上山巅，漫步在翔云桥之上，几乎可以俯瞰整个潭溪山景色。不畏浮云遮望眼，只缘身在「翔云桥」。

齐鲁空中走廊创世界首例

翔云桥是潭溪山景区最具特色的游览景观之一，它立于六百多米的高空，横跨于悬崖之间，比邻飞泻的瀑布，被誉为“齐鲁空中走廊”。与常规的高空玻璃栈道不同，作为世界首例无背索斜拉式弧形玻璃桥，翔云桥桥体的结构设计“创意与匠心并重”，当真是费了一番心思。

翔云桥的结构设计由同济大学建筑设计研究院完成，主要负责人为同济大学土木工程学院教授张其林。据说，张教授带队来到现场考察时，一眼就被潭溪山风光所吸引，尤其是悬崖间这一束瀑布，堪称神来之笔。起初经过勘测与研讨，团队共提出十余种不同的设计方案。但是，这些方案要么缺乏新意，要么影响悬崖瀑布的景观视觉，要么载重量无法满足使用要求，从而全部被推翻。此时，张教授再次带团队来到崖间，重新开始设计。在保证使用需求的前提下，放弃了桥墩结构，淘汰了绳索吊式设计，尽可能不破坏整个悬崖与瀑布，甚至还考虑到观看夕阳等细节问题。最终，经过无数次的设计、推演、计算、模型和技术难点攻关，这座无背索斜拉式弧形玻璃桥才“横空出世”，成为整个淄博引以为傲的世界首例。

乘坐百米观光电梯直上山巅，漫步在翔云桥之上，几乎可以俯瞰整个潭溪山景色。不畏浮云遮望眼，只缘身在“翔云桥”。

最强『应援』，以女神的名字来命名一个地方

博山曾经拥有过一个很唯美的名字，『颜神镇』。这座美丽的山城，与全长135.9公里的孝妇河有着一段令人唏嘘的美丽故事。最开始，孝妇河叫袁水、孝水，到了清朝才更名为『孝妇河』，这个孝妇就是颜文姜。传说，颜文姜与丈夫结婚不久，丈夫就意外离世，痛失爱子的婆婆从此对颜文姜产生了偏见，粗活累活都让她做。颜文姜任劳任怨，从不忤逆她。日复一日，村里人皆称其人美心善，对她十分敬佩。颜文姜的所作所为感动了天上的神仙。有一天，她准备出门挑水的时候，神仙在她的木桶里安装上一支马鞭，并嘱咐她只要晃一晃木桶，自会有清泉流出，不需要再辛苦打水了。颜文姜的孝心感动了上天，却感动不了婆婆。趁颜文姜不在，婆婆偷偷将马鞭拔了出来，清泉止不住地从桶里流出，瞬间化作洪水，将婆婆冲走了。

颜文姜赶回家竭尽全力将婆婆救起，自己却没能生还。洪水最终化成一条河，世世代代滋养着两岸的村庄。当地人为了纪念颜文姜将此河称为『孝妇河』，并立庙建祠。颜文姜祠所在的村子最开始叫『李颜村』。因祠和庙在古人心中地位极其崇高不难看出人们对待颜文姜的喜爱与追崇。

最强“应援”：以女神的名字来命名一个地方

博山曾经拥有过一个很唯美的名字：“颜神镇”。这座美丽的山城，与全长135.9公里的孝妇河，有着一段令人唏嘘的美丽故事。最开始，孝妇河叫袁水、孝水，到了清朝才更名为“孝妇河”，这个孝妇就是颜文姜。

传说，颜文姜与丈夫结婚不久，丈夫就意外离世。痛失爱子的婆婆从此对颜文姜产生了偏见，粗活累活都让她做。颜文姜任劳任怨，从不忤逆她。日复一日，村里人皆称其人美心善，对她十分敬佩。颜文姜的所作所为感动了天上的神仙。有一天，在她准备出门挑水的时候，神仙在她的木桶里安装上一支马鞭，并嘱咐她，只要晃一晃木桶，自会有清泉流出，不需要再辛苦打水了。颜文姜的孝心感动了上天，却感动不了婆婆。趁颜文姜不在，婆婆偷偷将马鞭拔了出来，清泉止不住地从桶里流出，瞬间化作洪水，将婆婆冲走了。颜文姜赶回家，竭尽全力将婆婆救起，自己却没能生还。洪水最终化成一条河，世世代代滋养着两岸的村庄。当地人为了纪念颜文姜，将此河称为“孝妇河”，并立庙建祠。因祠和庙在古人心中地位及其崇高，不难看出人们对待颜文姜的喜爱与追崇。

颜文姜祠所在的村子最开始叫“李颜村”。后来，人们又将村子更名为“颜山”。以女神的名字来命名一个地方，古人的“应援”可以秒杀现在的众多“粉丝”了！

小贴士：

孝妇河不仅是淄博的母亲河，还孕育了淄博极具地方特色的“孝妇河文化带”。自明清以来，从这里走出来的文学世家数不胜数，更有“本朝诗人，山左为盛”的佳话。

低调的齐迹——齐山风景区

齐山风景区位于淄博市淄川区，是全国首家以齐文化为主题的自然风景区。在淄博这个文化底蕴深厚、拥有众多自然景观的宝地，齐山颇显低调了。

其实，在齐国统治的八百年间，有很多名垂千古的统治者和将领都光顾过齐山。据记载，姜太公、齐桓公、管仲、孙膑、田单等著名政治家、军事家都来过齐山，把这里设为点将台，高挂旌旗，操练士兵，号角震天响。据记载，齐桓公在管仲的辅助下实现"九合诸侯，一匡天下"，诸侯盟会有"衣裳之会十次，兵车之会四次"，而齐山就是盟会地点之一。周王室衰微，齐桓公建立了春秋新秩序，中原各国得到机会和谐发展。齐山不仅对齐国有着重要战略意义，更是春秋战国军事史上不可缺少的一段记忆。

齐山从此成为历代军事圣地，明朝永乐年间，巾帼英雄唐赛儿将齐山作为祭祀的神山；抗日战争时期，八路军山东纵队第四支队司令员廖容标将齐山设为当时的"四县联合指挥部"根据地。

低调的齐迹——齐山风景区

齐山风景区位于淄博市淄川区，是全国首家以齐文化为主题的自然风景区。在淄博这个文化底蕴深厚，拥有众多自然景观的宝地，齐山颇显低调了。

其实，在齐国统治的八百年间，有很多名垂千古的统治者和将领都光顾过齐山。据记载，姜太公、齐桓公、管仲、孙膑、田单等著名政治家、军事家都来过齐山，把这里设为点将台。高挂旌旗，操练士兵，号角震天响。据记载，齐桓公在管仲的辅助下实现“九合诸侯，一匡天下”，诸侯盟会有“衣裳之会十一次，兵车之会四次”，而齐山就是盟会地点之一。周王室衰微，齐桓公建立了春秋新秩序，中原各国得到机会和谐发展。齐山不仅对齐国有着重要战略意义，更是春秋战国军事史上不可缺少的一段记忆。

齐山从此成为历代军事圣地。明朝永乐年间，巾帼英雄唐赛儿将齐山作为祭祀的神山；抗日战争时期，八路军山东纵队第四支队司令员廖容标将齐山设为当时的“四县联合指挥部”根据地。

如今，站在齐山南天门，在呼啸的风声中，似乎还能感受当年士兵将领们的雄姿英发。而现存的、散落在齐山四处的齐长城遗址，是当年国力强大的齐国留给后人的宝贵遗产，一砖一瓦记录着金戈铁马的历史，一草一木见证了烽火狼烟的乱世。今天齐山不再低调，这里是目前全国唯一一家以齐文化为主导的研学基地，无论大人还是小孩，都可以来齐山穿越历史，感受两千多年前齐国雄风。

小贴士：

齐山风景区四绝，并称“齐山四景”：

“高山悬瀑”——观音瀑；
“绝壁云顶”——唐三寨；
“十里画廊”——古栈道；
“帝王龙脉”——齐门洞。

淄博的溶洞们：当开元遇上沂源

淄博不但有厚重的文化底蕴，还有美妙的自然景观。这其中不能不提的是充满神秘与梦幻色彩的溶洞。溶洞是碳酸盐类岩石与二氧化碳、水的一次完美邂逅，经过几十万年甚至更久的时间幻化而成，珍稀而脆弱。淄博的溶洞，奇在博山，有"山东第一洞"的开元溶洞；妙在沂源，有"江北第一溶洞群"的沂源溶洞群。

开元溶洞，据说因洞内有唐朝开元年间的摩崖石刻而得名。它不仅拥有壮美的景观，更有自新石器时代以来的珍贵文化遗存，尤其是隋唐及宋代的摩崖石刻，具有重要的文化价值。溶洞内高大，最高处达三十多米，长一千多米，有六个大厅，形状各异的石钟乳玲珑剔透、形象逼真，让人惊叹大自然的鬼斧神工。

沂源溶洞群被誉为"江北第一溶洞群"，位于鲁山镇境内，与沂源猿人有着一段奇妙的情缘。一百多个洞穴以沂源猿人遗址为中心散布于方圆五平方公里的区域内，其中发现过沂源猿人的头盖骨化石、牙齿与石器，古老的祖先就曾在此繁衍生息，创造新石器时代的文明。

沂源溶洞群按照海拔高度可分为高中低三个层次，洞内的景观类型有石柱、石晶花、鹅管等三十七种，珍稀奇特。其中，九天洞被称为"天下第一石花洞"。

两处溶洞各有过人之处，均是夏季避暑的好去处。盛夏时节不妨去溶洞切换"空调模式"，尽享18℃的清凉。

淄博的溶洞们：当开元遇上沂源

淄博不但有厚重的文化底蕴，还有美妙的自然景观。这其中，不能不提的是充满神秘与梦幻色彩的溶洞。溶洞，是碳酸盐类岩石与二氧化碳、水的一次完美邂逅，经过几十万年甚至更久的时间幻化而成，珍稀而脆弱。淄博的溶洞，奇在博山，有“山东第一洞”的开元溶洞；妙在沂源，有“江北第一溶洞群”的沂源溶洞群。

开元溶洞，据说因洞内有唐朝开元年间的摩崖石刻而得名，它不仅拥有壮美的景观，更有自新石器时代以来的珍贵文化遗存，尤其是隋、唐及宋代的摩崖石刻，具有重要的文化价值。溶洞内高大，最高处达三十多米，长一千多米，有六个大厅，形状各异的石钟乳玲珑剔透，形象逼真，让人惊叹大自然的鬼斧神工。

沂源溶洞群被誉为“江北第一溶洞群”，位于鲁山镇境内，与沂源猿人有着一段奇妙的情缘。一百多个洞穴以沂源猿人遗址为中心散布于方圆五平方公里的区域内，其中发现过沂源猿人的头盖骨化石、牙齿与石器，古老的祖先就曾在此繁衍生息，创造新石器时代的文明。沂源溶洞群按照海拔高度可分为高中低三个层次，洞内的景观类型有石柱、石晶花、鹅管等三十七种，珍稀奇特。其中，九天洞被称为“天下第一石花洞”。

两处溶洞各有“过人之处”，均是夏季避暑的好去处。盛夏时节，不妨去溶洞切换“空调模式”，尽享18℃的清凉。

鬼谷洞前收孙膑

鬼谷洞位于淄博梓童山以东，据《苏秦列传》中『苏秦者，东周洛阳人也，东事师于齐，习之于鬼谷先生……』一段文字记载推断，此处应该是鬼谷子在齐国修习授课之地。而如今，鬼谷洞一旁的『步云桥』，更依照传说中鬼谷子考验孙膑和庞涓的独木桥所建。

孙膑和庞涓起初是非常要好的朋友，二人欲在这乱世一展抱负，结伴来到齐国，欲拜鬼谷子为师。几经辗转，二人寻访到鬼谷洞但要入洞拜师，必须要走过洞前一座近二十米长的独木桥。木桥看上去年久失修，山风一起还随之摇摆，桥下是望不到底的鬼谷。孙、庞二人胆怯之心油然而生。就在此时，鬼谷子从洞中出来，望向桥对面的二人。庞涓仿佛心中有愧，不自然地低下了头，避开了鬼谷子的眼神；而孙膑仿佛受到了鼓励，放下心中恐惧，径直走向独木桥。就在孙膑走下木桥的一刹那，身后的木桥应声而断。孙、庞二人皆是人中龙凤，桥断那一刻便已明了过桥是考验二人拜师的决心。孙膑暗自侥幸，而庞涓却后悔万分，他立即跪倒，恳求鬼谷子收他为徒。一旁的孙膑也随即跪下，求鬼谷子再给庞涓一个机会。鬼谷子仿佛早已算出眼前二人一生的纠葛，长叹一声，将庞涓也收为徒弟。

淄博鬼谷洞被称为『中国古代第一所军事学院』，如今每年都有无数人慕名到此，探寻鬼谷一派纵横之术的奥秘。

鬼谷洞前收孙膑

鬼谷洞位于淄博梓童山以东，据《苏秦列传》中“苏秦者，东周洛阳人也，东事师于齐，习之于鬼谷先生……”一段文字记载推断，此处应该是鬼谷子在齐国修习授课之地。而如今，鬼谷洞一旁的“步云桥”，更依照传说中鬼谷子考验孙膑和庞涓的独木桥所建。

孙膑和庞涓起初是非常要好的朋友，二人欲在这乱世一展抱负，结伴来到齐国，欲拜鬼谷子为师。几经辗转，二人寻访到鬼谷洞，但要入“洞”拜师，必须要走过洞前一座近二十米长的独木桥。木桥看上去年久失修，山风一起还随之摇摆，桥下是望不到底的鬼谷，孙、庞二人胆怯之心油然而生。就在此时，鬼谷子从洞中出来，望向桥对面的二人。庞涓仿佛心中有愧，不自然地低下了头，避开了鬼谷子的眼神；而孙膑仿佛受到了鼓励，放下心中恐惧，径直走向独木桥。就在孙膑走下木桥的一刹那，身后的木桥应声而断。孙、庞二人皆是人中龙凤，桥断那一刻便已明了，过桥是考验二人拜师的决心。孙膑暗自侥幸，而庞涓却后悔万分，他立即跪倒，恳求鬼谷子收他为徒。一旁的孙膑也随即跪下，求鬼谷子再给庞涓一个机会。鬼谷子仿佛早已算出眼前二人一生的纠葛，长叹一声，将庞涓也收为徒弟。

淄博鬼谷洞被称为“中国古代第一所军事学院”，如今每年都有无数人慕名到此，探寻鬼谷一派纵横之术的奥秘。

慢城有条龙骨路

天鹅湖国际慢城位于高青县东北部，是黄河流域第一座国际慢城。在如今以快节奏为主的现代生活中，『慢』成为一种时尚和一种特殊的生活方式。慢城之中有一条通往景区深处的蜿蜒小路颇有名气，它便是『龙骨路』。相传很久以前，天宫中有条小黑龙厌倦了天上的寂寞生活，私自下凡化为一位俊美结实的青年。小黑龙游历到现在慢城南侧的大芦村，并在村子里邂逅了一位美丽的姑娘——芦姑。两人一见钟情，很快便结为夫妻。婚后芦姑在小黑龙的指点下开始学习医术，成为这一带的名医。小黑龙负责农耕打柴，芦姑行医之余操持家务，两人恩爱非常，是十里八村的模范夫妻。数十年时间里，小黑龙与芦姑过着平凡而幸福的生活，直到芦姑阳寿将尽时，小黑龙这才想到自己与芦姑毕竟仙凡有别。据说，小黑龙将芦姑安葬在蒲苇深处，万般不舍。为了能永远守护芦姑，它将身体融入大地，龙骨化成道路，龙眼化成美丽的湖泊，龙血洒向土地，让这里的植被世代茂盛。时光飞逝，沧海桑田，只有这条龙骨所化的路一直没有变，代表着小黑龙对真爱的矢志不渝。

如今的天鹅湖国际慢城伊然成为高青县城市形象的新名片，国内外游客慕名而来，就是为了暂别城市喧嚣，在舒适的慢节奏中享受一段恬淡的生活。

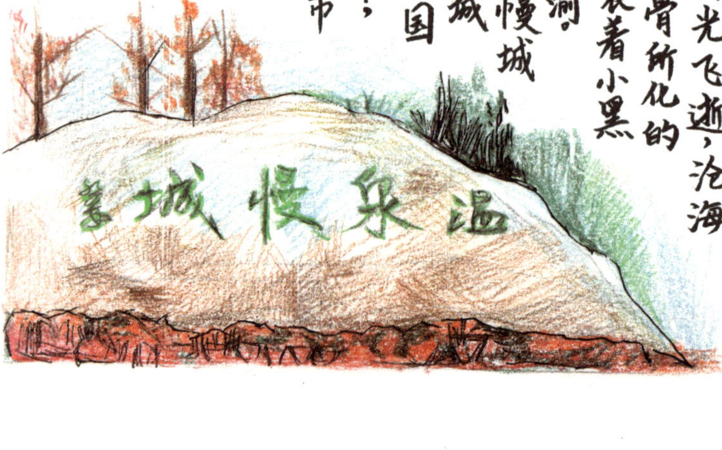

慢城有条龙骨路

天鹅湖国际慢城位于高青县东北部，是黄河流域第一座国际慢城。在如今以“快节奏”为主的现代生活中，“慢”成为一种时尚和一种特殊的生活方式。慢城之中有一条通往景区深处的蜿蜒小路颇有名气，它便是“龙骨路”。

相传很久以前，天宫中有条小黑龙厌倦了天上的寂寞生活，私自下凡化为一位俊美结实的青年。小黑龙游历到现在慢城南侧的大芦村，并在村子里邂逅了一位美丽的姑娘——芦姑。两人一见钟情，很快便结为夫妻。婚后，芦姑在小黑龙的指点下开始学习医术，成为这一带的名医。小黑龙负责农耕打柴，芦姑行医之余操持家务，两人恩爱非常，是十里八村的模范夫妻。数十年时间里，小黑龙与芦姑过着平凡而幸福的生活，直到芦姑阳寿将尽时，小黑龙这才想到自己与芦姑毕竟仙凡有别。据说，小黑龙将芦姑安葬在蒲苇深处，万般不舍。为了能永远守护芦姑，它将身体融入大地，龙骨化成道路，龙眼化成美丽的湖泊，龙血洒向土地，让这里的植被世代茂盛。时光飞逝，沧海桑田，只有这条龙骨所化的路一直没有变，代表着小黑龙对真爱的矢志不渝。

如今的天鹅湖国际慢城俨然成为高青县城市形象的新名片，国内外游客慕名而来，就是为了暂别城市喧嚣，在舒适的慢节奏中享受一段恬淡的生活。

小贴士：

什么是慢城

“慢城”源于意大利发起的慢食文化运动，其定义为：放慢生活节奏的城市形态，人口在5万人以下的城镇、村庄或社区。慢城与当下快节奏的生活相反，一切以绿色、传统为主，反对污染、噪音、机械、电子等，以手工、自然为基调。

万马践踏，踩出马踏湖

春秋战国时期，齐桓公定都临淄，马踏湖一带是都城附近重要的防守要地。随着齐国实力逐渐强大，齐军南征北战扫平周边威胁，整体国力一时无二。此时，齐桓公有心成为诸侯盟主，便会在城布下重兵，向天下诸侯发起会盟。各路诸侯收到请帖后进退两难：若是不去，齐国很可能发兵讨伐；若是去，势单力薄又恐羊入虎口。于是，各路诸侯私下商议，大家合兵一处，任何一方有难则互相照应。诸侯们最终决定将所有兵马都聚集在平洲，此处地势平坦开阔，能容得下万千兵马，而且离会城很近，方便支援。齐桓公此次会盟非常和谐，各路诸侯虚惊一场。会盟结束后便各自率领兵马离开。可是，平洲原本就地凹，被万马践踏后地势居然严重下陷，一场大雨后水汇聚成湖。

马踏湖位于桓台县小清河南岸，此地古称“平州”。《太平御览》中记载：“齐人为湖曰泺”。《水经注》里的“平州泺”便是此处。据说这里最早只是一片凹地，之所以下陷成湖，是因为齐桓公会盟诸侯所致。

万马践踏，踩出马踏湖

马踏湖位于桓台县小清河南岸，此地古称“平州”。《太平御览》中记载，“齐人为湖曰坈”，《水经注》里的“平州坈”便是此处。据说，这里最早只是一片凹地，之所以下陷成湖，是因为齐桓公会盟诸侯所致。

春秋战国时期，齐桓公定都临淄，马踏湖一带是都城附近重要的防守要地。随着齐国实力逐渐强大，齐军南征北战扫平周边威胁，整体国力一时无二。此时，齐桓公有心成为诸侯盟主，便在会城布下重兵，向天下诸侯发起会盟。各路诸侯收到请帖后进退两难：若是不去，齐国很可能发兵讨伐；若是去，势单力薄又恐羊入虎口。于是，各路诸侯私下商议，大家合兵一处，任何一方有难则互相照应。诸侯们最终决定，将所有兵马都聚集在平洲，此处地势平坦开阔，能容得下万千兵马，而且离会城很近方便支援。齐桓公此次会盟非常和谐，各路诸侯虚惊一场，会盟结束后便各自率领兵马离开。可是，平洲原本就地凹，被万马践踏后地势居然严重下陷，一场大雨后水汇聚成湖。后人便将此湖称为“马踏湖”。

如今的马踏湖有“北国江南”的美誉，已成为当地文化旅游不容错过的一站。

小贴士：

马踏湖又叫“锦秋湖”

苏东坡曾到此湖，即兴赋出了“贪看翠盖拥红妆，不觉湖边一夜霜。卷却天机云锦缎，从教匹练写秋光”这首脍炙人口的佳篇。后人取后两句中的“锦秋”二字为湖重新命名，显得更有诗意。与“马踏湖”相比，如今“锦秋湖”的名字可能更为人所熟知。

天齐渊是天的『肚脐』

天齐渊俗称『温泉』，位于临淄区淄河东岸，自古便是山东名川，是『齐地八神』之首。天齐渊的故事最早可以追溯到上古时期，『齐地』之名也与之有莫大关系，甚至秦皇汉武都曾到此祭祀，慕名而来的文人墨客更是不胜枚举。

说起天齐渊要从『脐』字说起，传说，盘古开天辟地，双目化日月，身躯化于山，血液化百川……而临淄的天齐渊，相传就是盘古肚脐所化。最早生活在此地的人不知温泉为何物，误认为是盘古化为山河后，从肚脐流出来的仙气将水煮热所致，故而将此地称为『脐地』，誉为天下的中心。『齐』与『脐』通假，这也是《地理风俗志》等典籍中都记有『齐地，得名于天齐渊』的原因。

即便在秦皇汉武时期，天齐渊依旧被认为是『天下中心』。《史记·封禅书》记载，『始皇东游海上，行礼祠名山大川及八神』，汉武帝『上遂东巡海上，行礼祠八神』。不难看出，秦皇汉武都对此地十分敬重，民间称两位皇帝均想来沾沾仙气，巩固自己的统治。

可惜的是，由于过度开采地下水，天齐渊于1975年干涸，如今我们游赏的天齐渊是人工再现的景观。

天齐渊是天的“肚脐”

天齐渊俗称“温泉”，位于临淄区淄河东岸，自古便是山东名川，是“齐地八神”之首。天齐渊的故事最早可以追溯到上古时期，“齐地”之名也与之有莫大关系，甚至秦皇汉武都曾到此祭祀，慕名而来的文人墨客更是不胜枚举。

说起天齐渊，要从“脐”字说起。传说，盘古开天辟地，双目化日月，身躯化千山，血液化百川……而临淄的天齐渊，相传就是盘古肚脐所化。最早生活在此地的人不知温泉为何物，误认为是盘古化为山河后，从肚脐逸出来的仙气将水煮热所致，故而将此地称为“脐地”，誉为天下的中心。“齐”与“脐”通假，这也是《地理风俗志》等典籍中都记有“齐地，得名于天齐渊”的原因。

即便在秦皇汉武时期，天齐渊依旧被认为是“天下中心”。《史记·封禅书》记载，“始皇东游海上，行礼祠名山大川及八神”；汉武帝“上遂东巡海上，行礼祠八神”。不难看出，秦皇汉武都对此地十分敬重，民间称两位皇帝均想来沾沾仙气，巩固自己的统治。

可惜的是，由于过度开采地下水，天齐渊于1975年干涸。如今我们游赏的天齐渊，是人工再现的景观。

小贴士：

齐地八神

一曰天主，祠天齐；
二曰地主，祠泰山梁父；
三曰兵主，祠蚩尤；
四曰阴主，祠三山；
五曰阳主，祠之罘；
六曰月主，祠之莱山；
七曰日主，祠成山；
八曰四时主，祠琅邪。

第四章

淄博物产

一文房四宝，笔墨纸砚，在古时文人圈子里相当于今日的名表、香包，而淄砚，正是其中上品。一方淄砚摆在书房桌头，即便是现在也会给主人平添几分书香雅气。

司马光写《资治通鉴》想用淄砚

淄砚在中国已有一千三百多年的历史，自古以来，无论是皇亲贵胄，还是文人墨客，都对其十分青睐。现存最古老的一方淄砚收藏于故宫博物院。清代大学士纪晓岚、前书协主席启功先生，都对淄砚爱不释手，并为其题词。说起淄砚，最有名的一段故事，莫过于司马光写《资治通鉴》留下的一丝遗憾。

公元一〇八四年，《资治通鉴》书成。宋神宗赵顼心知肚明，此部由自己题名的著作必将流芳千古，所以对主编司马光的奖赏一定不能只流于表面的金钱与官位，必须厂走心。如果祛除皇帝的身份，赵顼也算是一文人，他知道司马光早就惦记着自己收藏已久的一方淄砚。

司马光此时已年逾花甲，又因编著《资治通鉴》在洛阳避世十九年之久，早已看淡了一切。在内心里支撑他的，除了付梓的使命，可能仅剩下一个文人的风骨。时年十二月初三，宋神宗降诏嘉奖司马光，而在所有的"奖励"中，除了圣旨，司马光只亲手取了那一方淄砚，从此再不离身。

司马光写《资治通鉴》想用淄砚

淄砚在中国已有一千三百多年的历史。自古以来，无论是皇亲贵胄，还是文人墨客，都对其十分青睐。现存最古老的一方淄砚收藏于故宫博物院。清代大学士纪晓岚、前书协主席启功先生，都对淄砚爱不释手，并为其题词。说起淄砚，最有名的一段故事，莫过于司马光写《资治通鉴》留下的那一丝遗憾。

公元1084年，《资治通鉴》书成。宋神宗赵顼心知肚明，此部由自己题名的著作必将流芳千古，所以对主编司马光的奖赏一定不能只流于表面的金钱与官位，必须“走心”。如果刨除皇帝的身份，赵顼也算是一个文人，他知道司马光早就惦记着自己收藏已久的一方淄砚。

司马光此时已年逾花甲，又因编著《资治通鉴》在洛阳避世十九年之久，早已看淡了一切。在内心里支撑他的，除了付梓的使命，可能仅剩下一个文人的风骨。时年十二月初三，宋神宗降诏嘉奖司马光，而在所有的“奖励”中，除了圣旨，司马光只亲手取了那一方淄砚，从此再不离身。

文房四宝，笔墨纸砚，在古时文人圈子里相当于今日的名表香包，而淄砚，正是其中上品。一方淄砚摆在书房桌头，即便是现在也会给主人平添几分书香雅气。

淄博陶瓷：指间的艺术品

『取天之水、地之土，天地合而为一。拉以坯成以器，使木取火，器乃有金玉之声。五行具而生器韵，自夺造化之美。』淄博陶瓷作为中国当代五大陶瓷产区之一，有着悠久而璀璨的历史，起源可追溯到旧石器时代晚期。艺术源于生活，从指间而生，即便是简单的泥土也能生出无尽的光彩。在新石器时代后李文化时期，淄博陶瓷制作工艺相对原始，就地取材陶土直接烧制，器型简单、质量不高，但是足以满足当时社会的生活需求，并且做了堆纹、压印纹、绳纹等纹理装饰，是生活美学的一种体现。大汶口文化时期，淄博的制陶技艺达到了较高的水平，出现了对烧制温度要求较高的白陶，陶质坚硬，叩之有声，器具的种类、纹饰也变得复杂多样，出现了快轮制陶法，成为制陶技术史上的一大进步，陶瓷也成了身份和地位的象征，出现在随葬器物中。唐朝时期，『茶叶末釉』的发明使淄博制瓷业走向辉煌，『茶叶末，黄杂绿色，绿者称茶，黄者称末，娇嫩而不俗艳于花，美如玉，最养目。』茶叶末釉烧成难度较大，在低温和高温阶段需要不同的烧制方法，至雍正、乾隆两朝时成为宫廷秘釉，仅供皇室珍赏。宋金时期是淄博陶瓷的全盛阶段，窑厂数量众多，新品不断，出现了名噪一时的『雨点釉』，淄川磁村窑的白瓷也在此时作为贡瓷进入皇宫。中华人民共和国成立后，淄博陶瓷科研人员创新攻关，在技术上取得了重大突破，研发了『五朵金花』为代表的新瓷种，奠定了淄博陶瓷『当代国瓷』的地位。

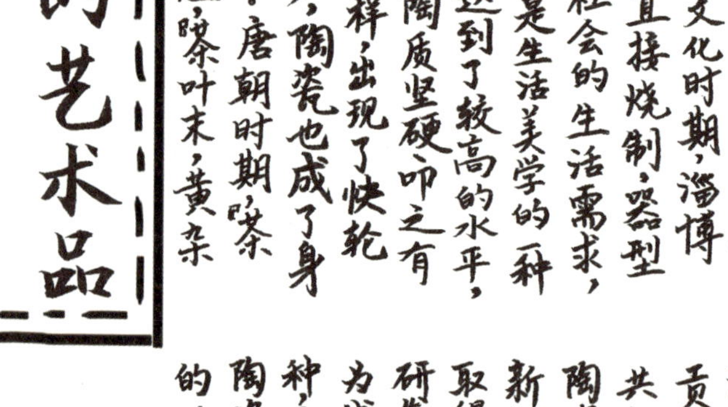

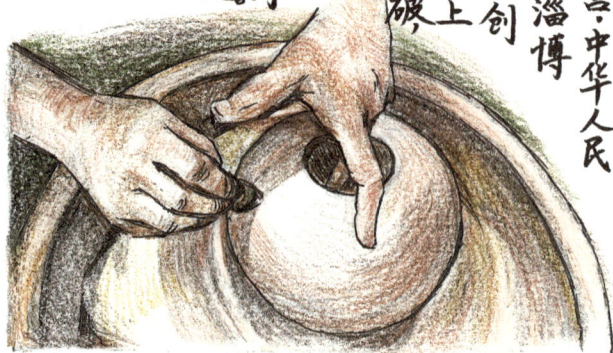

淄博陶瓷：指间的艺术品

“取天之水、地之土，天地合而为一。拉以坯，成以器，使木取火，器乃有金玉之声。五行具而生器韵，有夺造化之美。”淄博陶瓷作为中国当代五大陶瓷产区之一，有着悠久而璀璨的历史，起源可追溯到旧石器时代晚期。

艺术源于生活，从指间而生，即便是简单的泥土也能生出无尽的光彩。在新石器时代后李文化时期，淄博陶瓷制作工艺相对原始，就地取材，陶土直接烧制，器型简单、质量不高，但是足以满足当时社会的生活需求，并且做了堆纹、压印纹、绳纹等纹理装饰，是生活美学的一种体现。大汶口文化时期，淄博的制陶技艺达到了较高的水平，出现了对烧制温度要求较高的白陶，陶质坚硬，叩之有声，器具的种类、纹饰也变得复杂多样，出现了快轮制陶法，成为制陶技术史上的一大进步，陶瓷也成了身份和地位的象征，出现在随葬器物中。

唐朝时期，“茶叶末釉”的发明使淄博制瓷业走向辉煌，“茶叶末，黄杂绿色，绿者称茶，黄者称末，娇嫩而不俗，艳于花，美如玉，最养目”。茶叶末釉烧成难度较大，在低温和高温阶段需要不同的烧制方法，至雍正、乾隆两朝时成为宫廷秘釉，仅供皇室珍赏。宋金时期是淄博陶瓷的全盛阶段，窑厂数量众多，新品不断，出现了名噪一时的“雨点釉”，淄川磁村窑的白瓷也在此时作为贡瓷进入皇宫。

中华人民共和国成立后，淄博陶瓷科研人员创新攻关，在技术上取得了重大突破，研发了以“五朵金花”为代表的新瓷种，奠定了淄博陶瓷“当代国瓷”的地位。

长安首富靠博山琉璃起家

博山是中国的『琉璃之乡』，虽然学术界对国内琉璃发源地尚未定论，但根据明代《青州府志》『琉璃器，出颜神镇（今日博山）……』便不难看出，明代此地的琉璃工艺已非常精湛。另一方面关于琉璃的最早文字记载出现于唐代李亢的《独异志》中，内容是长安首富王二狗靠博山琉璃发家的故事。

大唐开元年间有一个名叫王二狗的商贩，常年往返于长安与山东之间，以倒卖蚕丝、麻丝为主，利润虽小但也勉强糊口。这一年生意不景气，原本薄利的丝生意越发不赚钱。王二狗下了血本从淄郡买了大量的丝，打算以『薄利多销』的方式维持生计。然而屋漏偏逢连夜雨，王二狗在路上遇见盗匪，货品被抢了个干净。一时间，王二狗心灰意冷，解下裤腰带找了个房梁便要寻短见。就在意识模糊的时候，眼前突然出现了一位锦衣玉带的老者，其服饰与传说中的财神李诡祖一模一样。老者边提点他淄郡盛产琉璃，一边告知他必定一生富贵。王二狗迷迷糊糊醒过来，发现拴在房梁上的裤腰带无故断开，自己手中还握着一枚元宝。王二狗认定，这是李财神救了自己，于是重振精神，以此枚元宝为本钱到淄郡贩卖琉璃到长安。经过几年经营，王二狗靠琉璃起家，竟成为长安首富。为了表达感恩之情，他改名为李元宝。

长安首富靠博山琉璃起家

博山是中国的“琉璃之乡”，虽然学术界对国内琉璃发源地尚未定论，但根据明代《青州府志》“琉璃器，出颜神镇（今日博山）……”便不难看出，明代此地的琉璃工艺已非常精湛。另一方面，关于琉璃的最早文字记载出现于唐代李亢的《独异志》中，内容是长安首富王二狗靠博山琉璃发家的故事。

大唐开元年间，有一个名叫王二狗的商贩，常年往返于长安与山东之间，以倒卖蚕丝、麻丝为主，利润虽小但也勉强糊口。这一年生意不景气，原本薄利的丝生意越发不赚钱。王二狗下了血本，从淄郡买了大量的丝，打算以“薄利多销”的方式维持生计。然而，屋漏偏遭连夜雨，王二狗在路上遇见盗匪，货品被抢了个干净。一时间，王二狗心灰意冷，解下裤腰带找了个房梁便要寻短见。就在意识模糊的时候，眼前突然出现了一位锦衣玉带的老者，其服饰与传说中的财神李诡祖一模一样。老者一边提点他淄郡盛产琉璃，一边告知他必定一生富贵。王二狗迷迷糊糊醒过来，发现拴在房梁上的裤腰带无故断开，自己手中还握着一枚元宝。王二狗认定，这是李财神救了自己，于是重振精神，以此枚元宝为本钱，到淄郡贩卖琉璃到长安。经过几年经营，王二狗靠琉璃起家，竟成为长安首富。为了表达感恩之情，他改名为李元宝。

1982年，博山发现了中国现存最早的古琉璃窑炉遗址。此后，博山还出现了中国第一家平板玻璃厂。2006年，中国第一家琉璃博物馆也诞生于博山……

古代丝绸之路优秀外来代表——周村烧饼

鲁中地区素爱面食，自春秋战国起，当地居民就变着花样地制作面食。据史料记载，周村烧饼的前身是汉代的芝麻胡饼，自西域传入中原，发展于明朝，成名于晚清，因产自淄博市周村区而得名「周村烧饼」。它也是古代丝绸之路优秀外来代表之一。

周村烧饼成形成名于清光绪年间。光绪六年（1880年），山东桓台县人郭云龙路经周村，被当地的一种叫「面薄脆」的主食所吸引。这种饼又薄又好吃又抗饿，还方便保存携带，是「旱码头」里的明星产品。于是嗅到商机的郭云龙在当时的商埠重镇周村创办了「聚合斋」，仔细研究「面薄脆」的配方和技术，潜心研发新工艺，将原本的「焦饼」升级成新型烧饼。在郭云龙的带领下，新型烧饼如纸片般薄，沾满了芝麻，一口咬下去让人唇齿留香。周村烧饼虽是纯手工制作，却能保证每张饼都「酥、香、薄、脆」。其制作工艺很有讲究，对面粉、温度等也有着极高的要求，着麻、贴饼、送入烤炉的动作需一气呵成。自此，周村烧饼闻名全国，俗称「瓜拉叶子烧饼」，曾被送入宫廷，成为贡品。

此后百年间，周村烧饼经过多次改良，「聚合斋」又分出「庆和成」「聚兴斋」等分号。在一代代烧饼传承人的口传心授下，有着千年历史的烧饼已走出淄博，走向世界。

古代丝绸之路优秀外来代表——周村烧饼

鲁中地区素爱面食，自春秋战国起，当地居民就变着花样地制作面食。据史料记载，周村烧饼的前身是汉代的芝麻胡饼，自西域传入中原，发展于明朝，成名于晚清，因产自淄博市周村区而得名“周村烧饼”。它也是古代丝绸之路优秀外来代表之一。

周村烧饼成形成名于清光绪年间。光绪六年（1880年），山东桓台县人郭云龙路经周村，被当地的一种叫“面薄脆”的主食所吸引。这种饼又薄又好吃又抗饿，还方便保存携带，是“旱码头”里的明星产品。于是，嗅到商机的郭云龙在当时的商埠重镇周村创办了“聚合斋”，仔细研究“面薄脆”的配方和技术，潜心研发新工艺，将原本的“焦饼”升级成新型烧饼。在郭云龙的带领下，新型烧饼如纸片般薄，沾满了芝麻，一口咬下去让人唇齿留香。周村烧饼虽是纯手工制作，却能保证每张饼都“酥、香、薄、脆”。其制作工艺很有讲究，对面粉、温度等也有着极高的要求，着麻、贴饼、送入烤炉的动作需要一气呵成。自此，周村烧饼闻名全国，俗称“瓜拉叶子烧饼”，曾被送入宫廷成为贡品。

此后百年间，周村烧饼经过多次改良，“聚合斋”又分生出“庆和成”“聚兴斋”等分号。在一代代烧饼传承人的口传心授下，有着千年历史的烧饼已走出淄博，走向世界。

小贴士：

制作周村烧饼的步骤：

选料——混炼——分坯——揉剂——成形——着麻——烘烤——成品

李希霍芬最爱的博山酥锅

一八六九年的春天，第一个进入博山的德国人——李希霍芬，途经"永盛客栈"的时候突然停下了脚步，原因是闻到了一股好闻的鱼香味儿。于是便进店询问掌柜是什么菜。老掌柜回答："博山酥锅菜。"

李希霍芬看店里很多人都在吃这道酥锅菜，出于好奇也点了一份，并和老掌柜聊了起来。这个老掌柜告诉李希霍芬，他年少时便来博山当鲁菜学徒，如今快二十年了。因为博山当地陶瓷、琉璃等工业发达，有很多工厂需要给工人提供餐饭。由于生活水平还没那么高，为了节约成本，当地餐馆就把每天剩下的饭菜全部放进一个锅里，添酱油、陈醋，盖上盖子大火煮干，第二天分给工人们吃。因为一些炸过的鱼和肉经过二次烹饪会变得酥脆，汇集了各种食材的大锅饭很是美味，颇受工人们喜爱。一传十，十传百，越来越多的本地人也来询问这道菜的做法，"酥锅菜"就这样在博山流行起来，并成为鲁菜的代表之一。

博山人的聪明和博山菜的实惠让李希霍芬终生难忘，据说他回德国后还念念不忘这道来自淄博的美味。

如今，酥锅菜早已不是临时拼凑的大锅饭了，而是博山人春节餐桌上必不可少的一道"硬菜"。当地的老人总会津津乐道，谁家的酥锅味道最香。毕竟酥锅菜制作方法因人而异，这世上从来没有口味完全相同的两个酥锅。

博山酥锅有着非常神圣的地位，当地谚语道："穷也酥锅，富也酥锅；没酥锅不过年，有酥锅过大年"。

李希霍芬最爱的博山酥锅

1869年的春天，第一个进入博山的德国人——李希霍芬，途径“永盛客栈”的时候突然停下了脚步，原因是闻到了一股好闻的鱼香味儿。于是便进店询问掌柜是什么菜。老掌柜回答：“博山酥锅菜。”

李希霍芬看店里很多人都在吃这道酥锅菜，出于好奇也点了一份，并和老掌柜聊了起来。这个老掌柜告诉李希霍芬，他年少时便来到博山当鲁菜学徒，如今快二十年了。因为博山当地陶瓷、琉璃等工业发达，有很多工厂需要给工人提供餐饭。由于生活水平还没那么高，为了节约成本，当地餐馆就把每天剩下的饭菜全部放进一个锅里，添酱油、陈醋，盖上盖子大火煮干，第二天分给工人们吃。因为一些炸过的鱼和肉经过二次烹饪会变得酥脆，汇集了各种食材的大锅饭很是美味，颇受工人们喜爱。一传十，十传百，越来越多的本地人也来询问这道菜的做法，“酥锅菜”就这样在博山流行起来，并成为鲁菜的代表之一。

博山人的聪明和博山菜的实惠让李希霍芬终生难忘，据说他回德国后还念念不忘这道来自淄博的美味。

如今，酥锅菜早已不是临时拼凑的大锅饭了，而是博山人春节餐桌上必不可少的一道“硬菜”。当地的老人总会津津乐道，谁家的酥锅味道最香。毕竟酥锅菜制作方法因人而异，这世上从来没有口味完全相同的两个酥锅。博山酥锅有着非常神圣的地位，当地谚语道：穷也酥锅，富也酥锅，没酥锅不过年，有酥锅过大年。

一场厨艺对决成就了四四席

到淄博必须要吃博山菜，吃博山菜首选四四席。四四席源于清末进士张焕宸创立的聚乐村饭庄，是博山菜最有代表性的大席面。而这四四席的由来据说源于一次饭庄内部的厨艺对决。

二十世纪二十年代，博山商业繁荣，当地对餐饮的品质的要求日益提高，聚乐村饭庄应时而立。聚乐村首任大厨王广庸皆是宫廷御厨，首任经理栾玉琢出身名厨世家，皆是张宗昌的主厨。凭借此二人名望，数位精通京菜、鲁菜的博山籍名厨先后从京城与济南回到家乡，进入聚乐村。俗话说“同行是冤家”，聚乐村的厨师们很自然地分成了“京”“鲁”两派，一派拥护王广庸，一派支持栾玉琢。然而，王、栾两人的关系非常融洽，一心只想振兴博山菜。为了保持内部团结，并探索新的博山菜形式，二人定下一计：比拼厨艺。二人请当地男女老少八十人作评委，围坐十张八仙桌，分四批比拼。为公平起见，每批两边均自选一道菜品，再由对方命题一道。当时，聚乐村已名声在外，比拼当天观战者甚多。席上，两派厨师各显神通，每一批都是四道菜一起上，四批过后每张桌子上的十六个盘碗都被吃得干干净净。输赢早已不重要！经此一役，聚乐村美味的大席面算是传开了，慕名而来者络绎不绝。因每批四道菜一起上，共四批，故名“四四席”。

一场厨艺对决成就了四四席

到淄博必须要吃博山菜，吃博山菜首选四四席。四四席源于清末进士张焕宸创立的聚乐村饭庄，是博山菜最有代表性的大席面。而这四四席的由来，据说源于一次饭庄内部的厨艺对决。

二十世纪二十年代，博山商业繁荣，当地对餐饮的品质的要求日益提高，聚乐村饭庄应时而立。聚乐村首任大厨王广庸曾是宫廷御厨，首任经理栾玉琢出身名厨世家，曾是张宗昌的主厨。凭借此二人名望，数位精通京菜、鲁菜的博山籍名厨先后从京城与济南回到家乡，进入聚乐村。俗话说“同行是冤家”，聚乐村的厨师们很自然地分成了“京”“鲁”两派，一派拥护王广庸，一派支持栾玉琢。然而，王、栾两人的关系非常融洽，一心只想振兴博山菜。为了保持内部团结，并探索新的博山菜形式，二人定下一计：比拼厨艺。

二人请当地男女老少八十人作评委，围坐十张八仙桌，分四轮比拼。为公平起见，每轮两边均自选一道菜品，再由对方命题一道。当时，聚乐村已名声在外，比拼当天观战者甚多。席上，两派厨师各显神通，每一轮都是四道菜一起上，四轮过后每张桌子上的十六个盘碗都被吃得干干净净。输赢早已不重要！经此一役，聚乐村美味的大席面算是传开了，慕名而来者络绎不绝。因每轮四道菜一起上，共四轮，故名“四四席”。

溯源博山菜，从中不难看到孔府菜和宫廷御膳的影子。随着时代发展，博山四四席真正做到了美食“容四海，纳百味”的精神，无论食客来自天南海北，十六道菜总能满足他们的味蕾。

小贴士：

四四席搭配有讲究

清代文学家袁枚在《随园食单》写道：“上菜之法咸者宜先，淡者宜后；浓者宜先，薄者宜后；无汤者宜先，有汤者宜后。”文中“上菜之法”是对中国传统筵席菜品搭配及顺序而言，这一程序非常符合食者胃口变化和身体需求，与四四席的菜品布局几乎一致。

丝绸为政治手段的古代商战

春秋时期的齐国农工商并举，丝织业发达。齐都临淄出现了我国最早的丝织中心，以出产绢类、素类、缟类、绨类、绸类、绮类等多种丝织物而闻名。不仅内贸发达，还向周边诸侯国“出口”，出现了“天下之人冠带衣履皆仰齐地”的局面。

其中，绨类织物在齐国的丝绸阵营中以光滑厚重著称。齐国国相管仲就曾以丝织物绨为政治手段，巩固了齐国的霸主地位。据说，有一天，齐桓公对管仲说：“现在的鲁国越来越不把我们放在眼里了，你可有什么妙招灭一灭他们的威风？”管仲十分淡定地说：“这个不难，明天开始大王带头只穿绨料衣服就能奏效。”齐桓公心生疑窦，并没有理清其中的逻辑，但他非常信任管仲，也就照办了。

以现在的说法，齐桓公就是“带货达人”。自齐桓公穿绨料衣服，上至贵族，下至平民，全部穿起了绨料衣服。一时间，绨料供不应求。管仲却下令禁止齐人生产绨，只准从鲁国“进口”，并施行补贴，即鲁国商人给齐国供给的绨料越多，获得的奖励越丰厚。如此优厚的政策，令鲁国见利忘“农”，争相织绨。随后，管仲又建议齐桓公改穿帛料衣服，引导全国上下不再穿绨，并断绝与鲁国的经济往来。鲁国惊慌失措，农业荒废，不可能在几个月内恢复，经济骤然崩溃。

这个故事也从侧面证明了齐国丝绸行业的兴盛。如果齐国丝绸种类单一，只生产绨，那么这个计策将会对本国丝织行业予以重击。但是，齐国除了绨还有数不清的丝织产品可以替代，也就有了“任性”的资本。

丝绸为政治手段的古代商战

春秋时期的齐国，农工商并举，丝织业发达，齐都临淄出现了我国最早的丝织中心，以出产绢类、素类、缟类、绨类、绸类、绮类等多种丝织物而闻名，不仅内贸发达，还向周边诸侯国“出口”，出现了“天下之人冠带衣履皆仰齐地”的局面。

其中，绨类织物在齐国的丝绸阵营中以光滑厚重著称，齐国国相管仲就曾以丝织物绨为政治手段，巩固了齐国的霸主地位。据说，有一天，齐桓公对管仲说：“现在的鲁国越来越不把我们放在眼里了，你可有什么妙招灭一灭他们的威风？”管仲十分淡定地说：“这个不难，明天开始，大王带头只穿绨料衣服就能奏效。”齐桓公心生疑窦，并没有理清其中的逻辑，但他非常信任管仲，也就照办了。

以现在的说法，齐桓公就是一“带货达人”。自齐桓公穿绨料衣服，上至贵族，下至平民，全部穿起了绨料衣服。一时间，绨料供不应求，管仲却下令禁止齐人生产绨，只准从鲁国“进口”，并施行补贴，即鲁国商人给齐国供给的绨料越多，获得的奖励越丰厚。如此优厚的政策，令鲁国见利忘“农”，争相织绨。随后，管仲又建议齐桓公改穿帛料衣服，引导全国上下不再穿绨，并断绝与鲁国的经济往来。鲁国惊慌失措，农业荒废不可能在几个月内恢复，经济骤然崩溃。

这个故事也从侧面证明了齐国丝绸行业的兴盛。如果齐国丝绸种类单一，只生产绨，那么这个计策将会对本国丝织行业予以重击。但是，齐国除了绨，还有数不清的丝织产品可以替代，也就有了“任性”的资本。

淄博有道菜，乾隆皇帝吃过后不住吧嗒嘴

豆腐箱又名山东豆腐箱、齐国豆腐箱，是淄博地方传统名菜，至今已有400多年的历史，被评为山东十大经典名菜。相传清乾隆帝南巡时曾『临幸』博山，当地官员招待乾隆帝用膳时，便上有『豆腐箱』这道菜，乾隆食后忍不住称赞好吃。

据说乾隆巡视江南时因舟车劳顿，食欲不佳。随行的御厨诚惶诚恐，为讨皇帝欢心并避免水土不服，每到一处便多方打听当地美味佳肴，终在博山寻得一菜，使皇帝龙颜大悦。据《江南节次照常膳底档》记载：『辰初三刻，理安寺进早膳，用折叠膳桌摆：鸭子八鲜镶厢豆腐一品、燕窝火熏肥鸡一品……』其中，这『厢子豆腐』便是如今的豆腐箱，将调好的各种荤素馅料酿在炸过的豆腐块之内烹煮而成。口感细腻，浓香满口，皮韧馅嫩，回味无穷。乾隆皇帝食后赞不绝口，于是便命人将此菜品赏予当时正得圣宠的令妃娘娘，惹来其他众多妃嫔艳羡。此后，在皇帝的膳食底档里，『厢子豆腐』这道菜品便时常出现，可见乾隆皇帝是有多么爱吃这道菜。

『厢子豆腐』曾出现在康熙年间满汉全席『九白宴』中：『热炒四品：野鸭桃仁丁、爆炒鱿鱼、厢子豆腐、酥炸金糕』，作为皇帝赐御宴招待使臣之菜，『厢子豆腐』也算是国宴菜品了。其香其美，怕是用文字无法表达出来的，您还得亲自来淄博『拔草』才行。

淄博有道菜，乾隆皇帝吃过后不住吧嗒嘴

豆腐箱又名山东豆腐箱、齐国豆腐箱，是淄博地方传统名菜，至今已有300多年的历史，被评为山东十大经典名菜。相传清乾隆帝南巡时，曾“临幸”博山，当地官员招待乾隆帝用膳时，便上有“豆腐箱”这道菜，乾隆食后忍不住称赞好吃。

据说，乾隆巡视江南时，因舟车劳顿，食欲不佳。随行的御厨诚惶诚恐，为讨皇帝欢心并避免水土不服，每到一处便多方打听当地美味佳肴，终在博山寻得一菜使皇帝龙颜大悦。据《江南节次照常膳底档》记载：“辰初三刻，理安寺进早膳，用折叠膳桌摆：鸭子八鲜镶厢子豆腐一品；燕窝火熏肥鸡一品……”其中，这“厢子豆腐”便是如今的豆腐箱，将调好的各种荤素馅料酿在炸过的豆腐块之内，蒸煮而成。口感细腻，浓香满口，皮韧馅嫩，回味无穷。乾隆皇帝食后赞不绝口，于是便命人将此菜品赏予当时正得圣宠的令妃娘娘，惹来其他众多妃嫔艳羡。此后，在皇帝的膳食底档里，“厢子豆腐”这道菜品便时常出现，可见乾隆皇帝是有多么爱吃这道菜。

“厢子豆腐”曾出现在康熙年间满汉全席“九白宴”中，“热炒四品：野鸭桃仁丁、爆炒鱿鱼、厢子豆腐、酥炸金糕”，作为皇帝赐御宴招待使臣之菜。“厢子豆腐”也算是“国宴菜品”了。其香其美，怕是用文字无法表达出来的，您还得亲自来淄博“拔草”才行。

小贴士：

《御茶膳房膳底档》中记载厢子豆腐的做法：“将香芹、蘑菇、笋丁、莲子、红枣、苡仁等原料放进油炸豆腐中，因为豆腐呈盒状，里面装着多种原料的馅儿，看上去很像古代妇女梳妆的镜厢，因此得名——厢子豆腐。”

百年报恩寺火烧的三起三落

淄博市博物馆沿商场西路向东不远，有一家百年老店—报恩寺火烧。店面不大，窗明几净，常有老张店人排着长队等着购买，也有大老远慕名而来吃火烧的食堂。老店的魅力，除了味道，还有一种历经百年沉淀下来的自在氛围。

清末民初时，博山报恩寺香火鼎盛，门前的报恩寺大街逐渐变得繁华起来。随着善男信女络绎不绝，街上香烛佛牌、饮食杂物的买卖日益增多。当时街上有户张姓人家。老张年轻时在附近的窑厂工作，后来妻子病逝，为了照顾女儿，老张便在街边卖起火烧。老张打火烧用的是烧陶瓷的"泥盆"，在食客眼里颇具特色；二来老张手艺好；二来乡亲们认他，三来老张闺女嘴甜会吆喝，老张的生意日渐红火，后来开了铺子。因不可抗力，火烧铺无奈停业，即使停业，仍有不少熟客来找老张，到老张家里蹭两个火烧。

一九七六年，在居委会的组织下，火烧铺重新开业。据说，开业的前十天，盛火烧的笸箩里就没放过东西，火烧一出炉就立刻被人买走，甚至还有邻市的食客特地赶来抢购。然而，到了二十世纪九十年代，因为经济环境不好，火烧铺再次悄然关门。如今的"报恩寺火烧"于二零一二年开业，二零一七年迁址到此处。据说，为了将这传承百年的美食做好，老板宋师傅亲自到火烧铺原址走访，打听火烧的做法。虽然无人正式传艺，但

如今的报恩寺火烧越来越让人交口称道。

百年报恩寺火烧的三起三落

淄博市博物馆沿商场西路向东不远，有一家百年老店——报恩寺火烧。店面不大，窗明几净，常有老张店人排着长队等着购买，也有大老远慕名而来吃火烧的食客。老店的魅力，除了味道，还有一种历经百年沉淀下来的自在氛围。

清末民初时，博山报恩寺香火鼎盛，门前的报恩寺大街逐渐变得繁华起来。随着善男信女络绎不绝，街上香烛佛牌、饮食杂物的买卖日益增多。当时街上有户张姓人家。老张年轻时在附近的窑厂工作，后来妻子病逝，为了照顾女儿，老张便在街边卖起火烧。老张打火烧用的是烧陶瓷的“珑盆”，在食客眼里颇具特色。一来老张手艺好，二来乡亲们认他，三来老张闺女嘴甜会吆喝，老张的生意日渐红火，后来开了铺子。因不可抗力，火烧铺无奈停业。即便停业，仍有不少熟客来找老张，到老张家里蹭两个火烧。

1976年，在居委会的组织下，火烧铺重新开业。据说，开业的前十天，盛火烧的笸箩里就没放过东西，火烧一出炉就立刻被人买走，甚至还有邻市的食客特地赶来抢购。然而，到了二十世纪九十年代，因为经济环境不好，火烧铺再次悄然关门。

如今的“报恩寺火烧”于2012年开业，2017年迁址到此处。据说，为了将这传承百年的美食做好，老板宋师傅亲自到火烧铺原址走访，打听火烧的做法。虽然无人正式传艺，但如今的报恩寺火烧越来越让人交口称道。

小身材大身份
过年就要吃欢喜团子

欢喜团子是桓台地区充满民俗特色的小吃。在春节期间，桓台及周边地区的人家都会制作欢喜团子，在除夕夜供家人品尝，在大型庙会或年关大集上，也随处可见这种好看又有美好寓意的团子。欢喜团子的起源已无从考究，有记载，清道光年间，庄户人家日子过得紧巴，索镇李贾村十户有七八户的人家从事着“欢喜团子”这“本小利大”的行当。每年农历九月九后，各家各户便开始制作，赶在年底大集时卖。过去的欢喜团子是用炒胀了的挂色粉条和糖稀制成，有熬糖稀、炒粉条、揉团穿串三个主要工序。工序看似简单，实则有不外传的秘方。直到现在，李贾村人还奉行着“传媳不传女”的古训。不过，欢喜团子的家常做法已比较普及了，原料改为大米花，先将糯米蒸熟，放凉弄散，再炒至蓬松，将其蘸上糖稀即可制成大小不同的球状，让人望之欢喜，食之忘忧。目前，欢喜团子的制作技艺已被申报为县级非物质文化遗产。

欢喜团子可吃可玩，也可悬挂在室内作为装饰品，有欢喜、团圆、幸福、吉祥的寓意，也寄托了老一辈人对美好生活的向往。如今，传统的手艺正在淡出人们的视野，但欢喜团子所承载的有关桓台历史的痕迹，那浓浓的乡愁，让人难以割舍。

小身材大身份，过年就要吃欢喜团子

欢喜团子是桓台地区充满民俗特色的小吃。在春节期间，桓台及周边地区的人家都会制作欢喜团子，在除夕夜供家人品尝。在大型庙会或年关大集上，也随处可见这种好看又有美好寓意的团子。

欢喜团子的起源现已无从考究。有记载，清道光年间，庄户人家日子过得紧巴，索镇李贾村十户有七八户的人家从事着“欢喜团子”这“本小利大”的行当。每年农历九月九后，各家各户便开始制作，赶在年底大集时卖。过去的欢喜团子是用炒胀了的挂色粉条和糖稀制成，有熬糖稀、炒粉条、揉团穿串三个主要工序。工序看似简单，实则有不外传的秘方。直到现在，李贾村人还奉行着“传媳不传女”的古训。不过，欢喜团子的家常做法已比较普及了，原料改为大米花，先将糯米蒸熟，放凉弄散，再炒至蓬松，将其蘸上糖稀即可制成大小不同的球状，让人望之欢喜，食之忘忧。目前，欢喜团子的制作技艺已被申报为县级非物质文化遗产。

欢喜团子可吃可玩，也可悬挂在室内作为装饰品，有欢喜、团圆、幸福、吉祥的寓意，也寄托了老一辈人对美好生活的向往。如今，传统的手艺正在淡出人们的视野，但欢喜团子所承载的有关桓台历史的痕迹，那浓浓的乡愁，让人难以割舍。

可以定制的沂源苹果

根据《沂源史志》记载凭借得天独厚的自然条件，沂源县种植苹果的历史已有一百多年。沂源县人口不足60万，从事苹果种植的约有25万人。沂源昼夜温差大，日照充足，让这里的苹果鲜嫩多汁香脆可口。沂源苹果也因此成了『奥运会』『全运会』和『世博会』的专用果，有着『江北第一果』的美誉。

沂源苹果最大的特色就是可以『私人定制』，普通的苹果摇身一变成为具有创意的艺术品，将设计好的图案、文字甚至二维码印在苹果上，每一个苹果都穿上了专属制服，每一个苹果都拥有了专属密语，集趣味性、观赏性、纪念性和独特性于一体。这样的创意还有个好听的名字—『阳光雕刻』。

因为这是借助阳光晒出来的纯天然，无污染。在苹果还没成熟的时候，在表面贴上定制的遮光图纸，接下来一切就交给太阳和时间啦。

自2010年10月，沂源县都会举办『沂源红苹果文化节』。在沂源，秋天的颜色不是金黄，而是苹果的火红。最美的『沂源红』是飘香四溢的苹果红海。当地果农带着精心挑选出的苹果，与来自全国各地的客商、游客一起分享丰收的喜悦。如今，沂源苹果更是走出国门，远销海外。

可以定制的沂源苹果

根据《沂源史志》记载，凭借得天独厚的自然条件，沂源县种植苹果的历史已有100多年。沂源县人口不足60万，从事苹果种植的约有25万人。沂源昼夜温差大，日照充足，让这里的苹果鲜嫩多汁，香脆可口。沂源苹果也因此成了“奥运会”“全运会”和“世博会”的专用果，有着“江北第一果”的美誉。

沂源苹果最大的特色就是可以“私人定制”，普通的苹果摇身一变成为具有创意的艺术品。将设计好的图案、文字甚至二维码印在苹果上，每一个苹果都穿上了专属制服，每一个苹果都拥有了专属密语，集趣味性、观赏性、纪念性和独特性于一体。这样的创意还有个好听的名字——“阳光雕刻”。因为这是借助阳光晒出来的，纯天然，无污染。在苹果还没成熟的时候，在表面贴上定制的遮光图纸，接下来一切就交给太阳和时间啦。

自2010年10月，沂源县都会举办“沂源红苹果文化节”。在沂源，秋天的颜色不是金黄，而是苹果的火红。最美的“沂源红”是飘香四溢的苹果红海。当地果农带着精心挑选出的苹果，与来自全国各地的客商、游客一起分享丰收的喜悦。如今，沂源苹果更是走出国门，远销海外。

扳倒井：都是赵匡胤干的好事

『饮不尽的豪爽』是扳倒井酒最经典的广告语，它反映了淄博人的热情好客，也体现了扳倒井酒的醇美。这口闻名遐迩的扳倒井，位于青县青山关城堡北门外的山坡上。之所以名为『扳倒』，全因原来的井身向东南倾斜二十度，像是被人扳倒

后没能『直起身』来。干这件事的人，据说是宋太祖赵匡胤。

相传，赵匡胤登基前带军征战，某年盛夏时节，部队恰好行兵于高青一带。烈日当头，酷热难耐，士兵随身带的淡水早已喝完，军心开始涣散。正在焦急之时，探路的斥候来报『前方有水井』，大军一下子来了精神。但是，当部队行至山坡井边时，希望再次变成绝望。井太深了，军中没有足够长的绳索。赵匡胤看到将士们绝望的眼神，双手扶着井口，对着水井说：『井知我心，井解我意，请倾井助我』。说着，赵匡胤用力将井口扳向自己，而井口也真的被扳倒了，大量清澈的井水从井口倾泻而出。众将士边畅饮清水边高呼『威武』。数年后，赵匡胤执掌天下，念此井救助之情，御笔钦封『扳倒井』。

淄博人大都喜欢用扳倒井酒宴请好友，酒中不仅有当地人的豪情，还寓意着『帝王的享受』。

扳倒井：都是赵匡胤干的好事

“饮不尽的豪爽”是扳倒井酒最经典的广告语，它反映了淄博人的热情好客，也体现了扳倒井酒的醇美。这口闻名遐迩的扳倒井，位于青县青山关城堡北门外的山坡上。之所以名为“扳倒”，全因原来的井身向东南倾斜二十度，像是被人扳倒后没能“直起身”来。干这件事的人，据说是宋太祖赵匡胤。

相传，赵匡胤登基前带军征战，某年盛夏时节，部队恰好行兵于高青一带。烈日当头，酷热难耐，士兵随身带的淡水早已喝完，军心开始涣散。正在焦急之时，探路的斥候来报“前方有水井”，大军一下子来了精神。但是，当部队行至山坡井边时，希望再次变成绝望。井太深了，军中没有足够长的绳索。赵匡胤看到将士们绝望的眼神，双手扶着井口，对着水井说：“井知我心，井解我意，请倾井助我。”说着，赵匡胤用力将井口扳向自己，而井口也真的被扳倒了，大量清澈的井水从井口倾泻而出。众将士边畅饮清水边高呼“威武”。数年后，赵匡胤执掌天下，念此井救助之情，御笔钦封“扳倒井”。

淄博人大都喜欢用扳倒井酒宴请好友，酒中不仅有当地人的豪情，还寓意着“帝王的享受”。

第五章

淄博情趣

齐国人民的智慧结晶可都在这本书里了

桓公时期，齐国大力发展士农工商四个行业，工匠和工艺开始被重视起来。齐国手工业技术得到了显著的提升，成为先秦时代的领跑者。于是，以临淄手工业为例，齐人开始编写《考工记》，总结了当时最先进的工艺技术，系统地介绍了当时盛行的三十种工艺（其中六种现已缺失），除了弓矢等兵器外，还有古车的制造方法、皮革的鞣制工艺、制钟技术、天文、农业、物理、化学等、陶器、乐器、服饰、建筑等，也极大地提高了当时人们的审美水平。《考工记》是历史上第一部对"百工"匠人做出肯定的官方著作。《考工记》里记载，达到一定水平的工人会被称为"国工"，即国家级认证的工匠。官方的背书让工匠们得到保障，春秋战国时期最先进的科学技术和精巧工艺因此得到传承，为后人留下无比珍贵的史料。

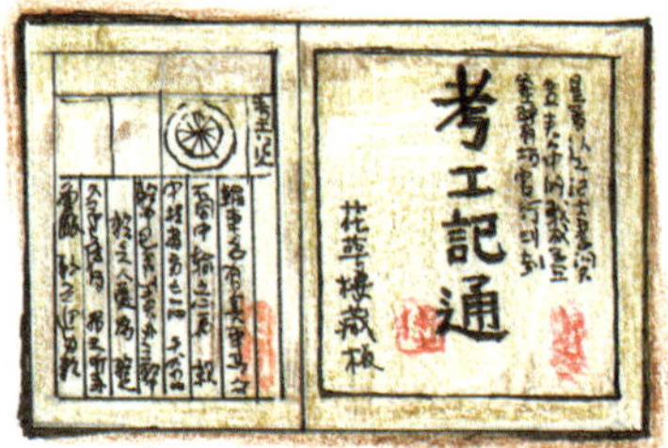

"知者创物，巧者述之，守之世，谓之工。百工之事，皆圣人之作也。"这段话尽管篇幅不长，却充分体现了齐地人民追求科技和崇拜创作的民风。《考工记》同时也具有很高的学术价值，是中国第一本科技百科全书，对中国的科技、工艺美术和文化发展都有着深远的影响。作为先秦工艺的集大成者，《考工记》完美诠释了齐国"工盖天下"以及"器盖天下"的雄心：国富民强，广纳贤才，科技发达，工具先进。现今，《考工记》被翻译成不同国家的语言，同全世界共享中国古时先民的智慧。

齐国人民的智慧结晶可都在这本书里了

桓管时期，齐国大力发展士农工商四个行业，工匠和工艺开始被重视起来。齐国手工业技术得到了显著的发展，成为先秦时代的领跑者。于是，以临淄手工业为例，齐人开始编写《考工记》，总结了当时最先进的工艺技术，系统地介绍了当时盛行的三十种工艺（其中六种现已缺失）。除了弓矢等兵器外，还有古车的制造方法、皮革的鞣制工艺、制钟技术、天文、农业、物理、化学等。陶器、乐器、服饰、建筑等，也极大地提高了当时人们的审美水平。

《考工记》是历史上第一部对“百工”匠人做出肯定的官方著作。《考工记》里记载，达到一定水平的工人会被称为“国工”，即国家级认证的工匠。官方的背书让工匠们得到保障，春秋战国时期最先进的科学技术和精巧工艺因此得到传承，为后人留下无比珍贵的史料。“知者创物，巧者述之守之，世谓之工，百工之事，皆圣人之作也。”这段话尽管篇幅不长，却充分体现了齐地人民追求科技和崇拜创作的民风。《考工记》同时也具有很高的学术价值，是中国第一本科技百科全书，对中国的科技、工艺美术和文化发展都有着深远的影响。作为先秦工艺的集大成者，《考工记》完美诠释了齐国“工盖天下”以及“器盖天下”的雄心：国富民强，广纳贤才，科技发达，工具先进。现今，《考工记》被翻译成不同国家的语言，同全世界共享中国古时先民的智慧。

小贴士：

部分朝代的工艺百科全书举例：

唐代《营缮令》
宋代《营造法式》
元代《经世大典》
明代《明会典》
清代《工程做法则例》

五音戏结缘四大名旦

五音戏旧称肘鼓子，是淄博特有的传统曲艺之一，二〇〇六年被列入第一批国家级非物质文化遗产名录。五音戏唱腔悠扬娇媚，常被听众拿来与京剧旦角相比较。实际上京剧的四大名旦都跟五音戏有缘。

据说军阀张宗昌之母爱听戏。一九二〇年，为给母亲贺寿，张宗昌特地从北京请来京剧大师梅兰芳，一并邀请了山东五音戏的名角邓洪山。邓洪山带领的戏班"鲜樱桃"拿出了看家曲目《王小赶脚》。一出戏唱罢，赢得满堂喝彩。梅大师对邓洪山十分欣赏，两人便结为好友。据说，梅大师回京后在梨园圈里常提起五音戏的妙处。

时至一九五一年，程砚秋路过济南听闻"鲜樱桃"在周村开戏，立即更改行程专门前往周村听戏。此时在台上唱《樊江关》的邓洪山，无论唱功还是身段都已炉火纯青。他并不知道台下为自己鼓掌叫好的观众里还有程砚秋。直到程砚秋到后台递了名帖，邓洪山惊喜交加。二人相见恨晚，切磋技艺。程砚秋学习了五音戏里小姑娘的动作，邓洪山学习了京剧里的唱腔。据说，程砚秋大师屡次感慨说，自己没能像荀慧生、尚小云二人一样有机会在京城宴请邓洪山，否则一定要在周村叨扰半载。

目前，淄博市五音戏剧院是现在仅存的五音戏专业演出院团。每年都有众多戏迷票友从四面八方慕名而来，一睹五音戏的风采。

五音戏结缘四大名旦

五音戏旧称“肘鼓子”，是闻名全国的独有珍稀剧种，2006年被列入第一批国家级非物质文化遗产名录。五音戏唱腔悠扬娇媚，常被听众拿来与京剧旦角相比较。实际上，京剧的四大名旦都跟五音戏有缘。

据说，军阀张宗昌之母爱听戏。1920年，为给母亲贺寿，张宗昌特地从北京请来京剧大师梅兰芳，一并邀请了山东五音戏的名角邓洪山。邓洪山带领的戏班“鲜樱桃”拿出了看家曲目《王小赶脚》。一出戏唱罢，赢得满堂喝彩。梅大师对邓洪山十分欣赏，两人便结为好友。据说，梅大师回京后在梨园圈里常提起五音戏的妙处。

时至1950年，程砚秋路过济南，听闻“鲜樱桃”在周村开戏，立即更改行程，专门前往周村听戏。此时，在台上唱《樊江关》的邓洪山，无论唱功还是身段都已炉火纯青。他并不知道台下为自己鼓掌叫好的观众里还有程砚秋。直到程砚秋到后台递了名帖，邓洪山惊喜交加。二人相见恨晚，切磋技艺。程砚秋学习了五音戏里小姑娘的动作，邓洪山学习了京剧里的唱腔。据说，程砚秋大师屡次感慨地说，自己没能像荀慧生、尚小云二人一样有机会在京城宴请邓洪山，否则一定要在周村叨扰半载。

目前，淄博市五音戏剧院是现在仅存的五音戏专业演出院团。每年都有众多戏迷票友从四面八方慕名而来，一睹五音戏的风采。

在“吃货”眼中

聊斋俚曲是“淄川食谱”

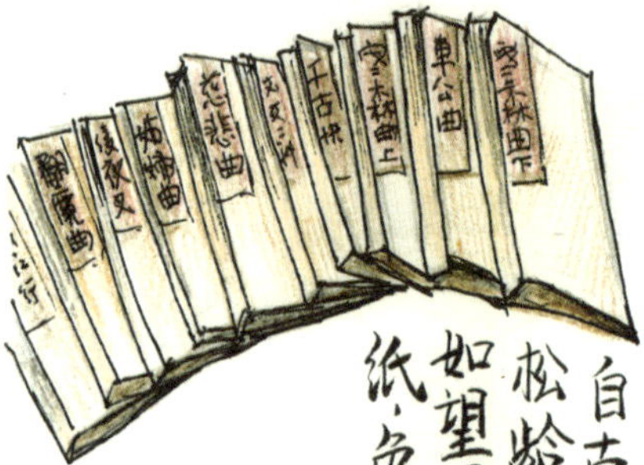

聊斋俚曲由清代文学家蒲松龄先生所创，被业内称为“明清时期民间音乐的活化石”。聊斋俚曲以淄川方言为基础，配以当时流行的俗曲时调，无论是曲风还是唱本都独具特色。在曲本之中，还描写了众多淄川美食。

糊突、淄川稀粥别称。“糊突”实为当地土话的拟声词，形容煮粥时锅里有“糊突糊突”的声音。俚曲《慈悲曲》中“一日吃了两碗冷糊突，没人问声够了没”，让人听了就感觉心酸。

煎饼、山东特色主食。山东，煎饼自古有名，俚曲多引用蒲松龄《煎饼赋》的描写：“圆如望月，大如铜鉦，薄似剡溪纸，色如黄鹤翎”。山东煎饼之貌如在眼前。

扁食 清代饺子乳名 俚曲《墙头记》有一句对白，“银匠说是卖扁食的王二”。此处最能印证聊斋俚曲为“活化石”一说，因为水饺在清代就叫“扁食”。

美酒、**大众好友**。淄川酒文化源远流长，无论是节日宴席、接风饯行还是自斟独酌，美酒堪称“大众好友”。俚曲《蓬莱宴》中“娘娘在蓬莱和众仙饮酒……”一段，让人听着就想喝上一杯。

在“吃货”眼中，聊斋俚曲是“淄川食谱”

聊斋俚曲由清代文学家蒲松龄先生所创，被业内称为“明清时期民间音乐的活化石”。聊斋俚曲以淄川方言为基础，配以当时流行的俗曲时调，无论是曲风还是唱本都独具特色。在曲本之中，还描写了众多淄川美食。

糊突，淄川稀粥别称。

“糊突”实为当地土话的拟声词，形容煮粥时锅里有“糊突糊突”的声音。俚曲《慈悲曲》中“一日吃了两碗冷糊突，没人问声够了没”，让人听了就感觉心酸。

煎饼，山东特色主食。

山东煎饼自古有名，俚曲多引用蒲松龄《煎饼赋》的描写，“圆如望月，大如铜钲，薄似剡溪纸，色如黄鹤翎”。山东煎饼之貌如在眼前。

扁食，清代饺子乳名。

俚曲《墙头记》有一句对白，“银匠说是卖扁食的王二”。此处最能印证聊斋俚曲为“活化石”一说，因为水饺在清代就叫“扁食”。

美酒，大众好友。

淄川酒文化源远流长，无论是节日宴席、接风饯行还是自斟独酌，美酒堪称“大众好友”。俚曲《蓬莱宴》中“娘娘在蓬莱和众仙饮酒……”一段，让人听着就想喝上一杯。

师法自然的鹧鸪戏

鹧鸪戏是全国唯一一个由村庄完整保护下来的剧种，源于鹧鸪鸟婉转悠扬的叫声。这个村便是临淄区上河村。而据当地人介绍，虽然守保护这项艺术已有二百余年，但他们却不敢冒领开创之功。

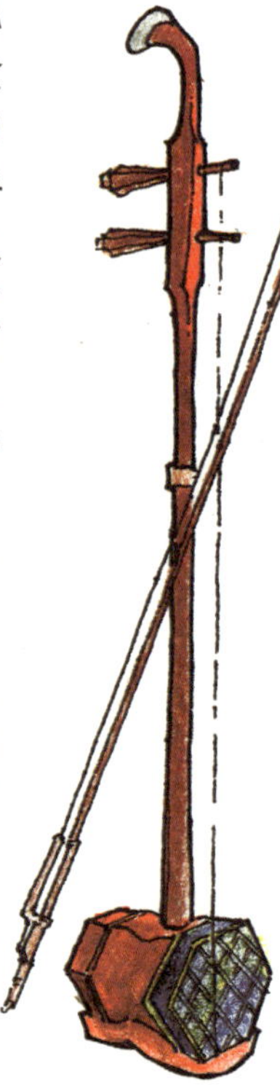

史料记载，乾隆年间，一周姓女子去崂山云海庵出家做了尼姑。修行期间，总有一只鹧鸪鸟飞落在她禅房的窗棂上。尼姑一边礼佛，一边听着鹧鸪鸟动听的鸣叫，心情逐渐明朗透彻。佛家讲究"万物皆缘"，尼姑便与鹧鸪鸟成了朋友，而鹧鸪鸟似乎也有灵性，无论是尼姑对它诉说心事还是阐述佛理，鹧鸪鸟都会鸣叫几声作为回答。时间一长，尼姑便开始模仿它的叫声，或者在说话时加入鸟叫的音调，这也是鹧鸪戏的雏形。后来，尼姑化缘路过孙家庄（上河村），为村中孩童唱起了以鹧鸪调为基础的歌谣。村中举人孙兆楚听后十分喜欢，便央求尼姑将此唱法传授给村里人。据说，尼姑离村前再三叮嘱村里人："善待万物，万物自有馈赠。"鹧鸪戏便是这样而来。自此，上河村成为鹧鸪戏的发源地，并一直传承至今。

在理念上，鹧鸪戏一直坚持着"师法自然"，每一个鹧鸪戏表演者都相信只有把自己当成一只鹧鸪鸟，热爱自然与生命，才能唱好这独一无二的戏。

师法自然的鹧鸪戏

鹧鸪戏是全国唯一一个由村庄完整保护下来的剧种，其源于鹧鸪鸟婉转悠扬的叫声。这个村，便是临淄区上河村。而据当地人介绍，虽然保护这项艺术已有二百余年，但他们却不敢冒领“开创”之功。

史料记载，乾隆年间，一周姓女子去崂山云海庵出家做了尼姑。修行期间，总有一只鹧鸪鸟飞落在她禅房的窗棂上。尼姑一边礼佛，一边听着鹧鸪鸟动听的鸣叫，心情逐渐明朗透彻。佛家讲究“万物皆缘”，尼姑便与鹧鸪鸟成了朋友，而鹧鸪鸟似乎也有灵性，无论是尼姑对它诉说心事还是阐述佛理，鹧鸪鸟都会鸣叫几声作为回答。时间一长，尼姑便开始模仿它的叫声，或者在说话时加入鸟叫的音调，即鹧鸪调，这也是鹧鸪戏的雏形。后来，尼姑化缘路过孙家庄（上河村），为村中孩童唱起了以鹧鸪调为基础的歌谣。村中举人孙兆楚听后十分喜欢，便央求尼姑将此唱法传授给村里人。据说，尼姑离村前再三叮嘱村里人：善待万物，万物自有馈赠，鹧鸪戏便是这样而来。自此，上河村成为鹧鸪戏的发源地，并一直传承至今。

在理念上，鹧鸪戏一直坚持着“师法自然”。每一个鹧鸪戏表演者都相信，只有把自己当成一只鹧鸪鸟，热爱自然与生命，才能唱好这独一无二的戏。

磁村花鼓、外行以为是杂技

磁村花鼓是淄川区非常有特色的一种鼓乐艺术形式，其鼓形与腰鼓相似，但所用的鼓槌却是『绳槌』。鼓者表演时，手中绳槌收放自如，绳头在鼓者控制下牵引长绳贴身飞舞，却又能按着乐点击打在鼓面之上。若是外行人第一次见，没准还以为是杂技呢。据说花鼓能在磁村成名，也是沾了这『表演华丽』的光。

传说，清同治年间，当地通往华严寺的『阴阳桥』开启重修。华严寺建于隋朝，历史悠久，信众颇多，百姓对修桥之事响应热烈。尤其是邻近的磁村，村民有钱出钱，有力出力。完工之日正逢盛夏，桥下荷花飘香，鸳鸯戏水，村民们感觉『阴阳』二字欠佳，便将桥名改为『鸳鸯桥』。

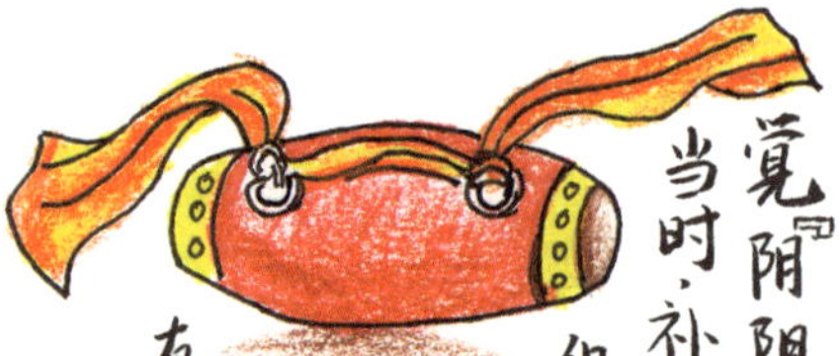

当时，补路修桥是喜事，民间会自发组织『庆典』。当时恰有外地艺人到此，为讨生计，他们也加入了庆贺的队伍。没想到，艺人中有位男子最是出彩：腰间挎鼓，手中无槌，一根绳子在身体四周飞来飞去，像杂技一般。只看他一人一绳，甩出扯回，煞是好看，敲出来的鼓声节奏分明。表演完毕，好多人围了上去想寻个究竟。男子也不吝啬，将绳子拿出来，大伙这才瞧分明，那绳子末处绑了木球。磁村百姓被这技艺吸引，便选了几个灵巧之人拜艺人为师，『花鼓』便在磁村扎了根。

每一种艺术的传承都非常不易，磁村花鼓也曾沉寂，好在从未被人忘记。

磁村花鼓：外行以为是杂技

磁村花鼓是淄川区非常有特色的一种鼓乐艺术形式，其鼓形与腰鼓相似，但所用的鼓槌却是“绳槌”。鼓者表演时，手中绳槌收放自如，绳头在鼓者控制下牵引长绳贴身飞舞，却又能按着乐点击打在鼓面之上。若是外行人第一次见，没准还以为是杂技呢。据说花鼓能在磁村成名，也是沾了这“表演华丽”的光。

传说，清同治年间，当地通往华严寺的“阴阳桥”开启重修。华严寺建于隋朝，历史悠久，信众颇多，百姓对修桥之事响应热烈。尤其是邻近的磁村，村民有钱出钱，有力出力。完工之日正逢盛夏，桥下荷花飘香，鸳鸯戏水，村民们感觉“阴阳”二字欠佳，便将桥名改为“鸳鸯桥”。

当时，补路修桥是喜事，民间会自发组织“庆典”。当时恰有外地艺人到此，为讨生计，他们也加入了庆贺的队伍。没想到，艺人中有位男子最是出彩：腰间挎鼓，手中无槌，一根绳子在身体四周飞来飞去，像杂技一般。只看他一人一绳，甩出扯回，煞是好看，敲出来的鼓声节奏分明。表演完毕，好多人围了上去想寻个究竟。男子也不吝啬，将绳子拿出来。大伙这才瞧分明，那绳子末处绑了木球。磁村百姓被这技艺吸引，便选了几个灵巧之人拜艺人为师，“花鼓”便在磁村扎了根。

每一种艺术的传承都非常不易，磁村花鼓也曾沉寂，好在从未被人忘记。

周村芯子：『熊孩子』带起来的中华一绝

芯子，一种古老的民间传统杂耍技艺，受蜡烛灯台的启发，利用铁质支架把装扮成各种戏剧人物的表演者稳定在高杆或各种造型之上，远远望去，人物悬空，玄妙、奇特，惊险。因铁支架如灯芯在内支撑，故称为『芯子』。淄博最负盛名的芯子为"周村芯子"和"阁子里芯子"，均被评为国家级非物质文化遗产。周村芯子的起源可追溯到明清时期，距今已有四百多年的历史，传说是为迎接泰山奶奶『碧霞元君』回周村娘家过生日而发展起来的。泰山奶奶有一位『铁杆粉丝』即三边总督大司寇李化熙的母亲——李老太太。每年三月三，李老太太便会派人到泰安去『接驾』，管家李七便组织扮玩队伍去周村南门迎接进城，这一路踩高跷、耍龙灯、舞狮子、跑旱船，吹吹打打好不热闹。大人忙活，李府的孩子们自然也不闲着，简单的玩够了，偏偏要去踩高跷，这可吓坏了李七。为了让孩子们玩得尽兴，又保障孩子们的安全，李七苦思冥想，终于想出办法：让铁匠打铁件固定在桌子一样的底座上，用白布或棉絮将孩子的脚、腰、肩膀和支撑的铁芯子紧紧捆扎成一个整体，保证孩子不会掉下来。依靠当时周村发达的纺织技术，制作长袍大褂将铁芯子盖住，从远处看去，就像孩子在踩高跷，也随着扮玩队伍一起去接驾。后来，周村人将芯子这一独特的艺术形式搬到元宵节进行表演，并被中央电视台《中华一绝》节目专题报道。

周村芯子：“熊孩子”带起来的中华一绝

芯子，一种古老的民间传统杂耍技艺，受蜡烛灯台的启发，利用铁质支架把装扮成各种戏剧人物的表演者稳定在高竿或各种造型之上，远远望去，人物悬空，玄妙、奇特、惊险。因铁支架如灯芯在内支撑，故称为“芯子”。淄博最负盛名的芯子为“周村芯子”和“阁子里芯子”，均被评为国家级非物质文化遗产。

周村芯子的起源可追溯到明清时期，距今已有四百多年的历史，传说是为迎接“泰山奶奶”碧霞元君回周村娘家过生日而发展起来的。泰山奶奶有一位“铁杆粉丝”，即三边总督大司寇李化熙的母亲——李老太太。每年三月三，李老太太便会派人到泰安去“接驾”，管家李七便组织扮玩队伍去周村南门迎接进城，这一路踩高跷、耍龙灯、舞狮子、跑旱船，吹吹打打好不热闹。大人忙活，李府的孩子们自然也不闲着，简单的玩够了，偏偏要去踩高跷，这可吓坏了李七。为了让孩子们玩得尽兴，又保障孩子们的安全，李七苦思冥想，终于想出办法：让铁匠打铁件固定在桌子一样的底座上，用白布或棉絮将孩子的脚、腰、肩膀和支撑的铁芯子紧紧捆扎成一个整体，保证孩子不会掉下来。依靠当时周村发达的纺织技术，制作长袍大褂将铁芯子盖住，从远处看去，就像孩子在踩高跷，也随着扮玩队伍一起去接驾。

后来，周村人将芯子这一独特的艺术形式搬到元宵节进行表演，并被中央电视台《中华一绝》节目专题报道，为这一古老的中华民间艺术增添了丰富的内容。

陶瓷文化创意园的前世今生

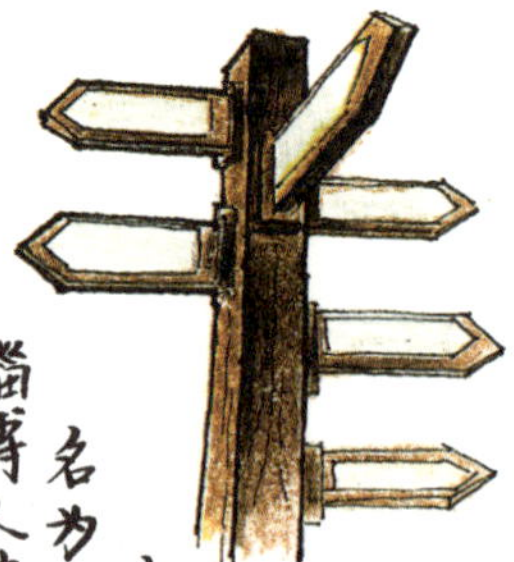

一九五四年八月，国有重点陶瓷企业淄博瓷窑厂在孝妇河西岸开始动工，隔年四月建成投产。一九五七年，淄博瓷窑厂更名为山东淄博瓷厂。淄博瓷厂是淄博人的骄傲，是中国陶瓷品质的保证。

最开始，瓷厂主要生产质量较差的日用陶瓷和一些基础的工业陶瓷。中华人民共和国成立十周年，瓷厂接受了国庆献礼的任务，集合省内外优秀人才，科学设计，认真钻研，继承创新，并搭建国庆窑，专窑烧制，成功生产出人民大会堂内的山东厅的

和北京火车站等展厅需要的瓷器。经此一役，淄博瓷厂的招牌一炮打响，为日后瓷器的出口奠定了坚实的基础。

在瓷都的淄博，陶瓷早已成为了当地人生活习惯的一部分。随着时代进步和产业调整，曾经风光一时的陶瓷工厂最终没能逃过落后产能的魔爪，逐渐退出了历史舞台。一九五四年建厂的淄博瓷厂消失了，取而代之的是现代化的文创园。今天，老厂房变新地标，一九五四陶瓷文化创意园也成了新一代淄博人的陶瓷文化守护神。

陶瓷文化创意园的前世今生

1954年8月，国有重点陶瓷企业淄博瓷窑厂在孝妇河西岸开始动工，隔年4月建成投产。1957年，淄博瓷窑厂更名为山东淄博瓷厂。淄博瓷厂是淄博人的骄傲，是中国陶瓷品质的保证。

最开始，瓷厂主要生产质量较差的日用陶瓷和一些基础的工业陶瓷。中华人民共和国成立十周年，瓷厂接受了“国庆献礼”的任务，集合省内外优秀人才，科学设计，认真钻研，传承创新，并搭建“国庆窑”专窑烧制，成功生产出人民大会堂内“山东厅”和北京火车站等展厅需要的瓷器。经此一役，淄博瓷厂的招牌一炮打响，为日后瓷器的出口奠定了坚实的基础。

可是辉煌不过四十载，20世纪90年代，淄博瓷厂破产了。为了继续传承陶瓷文化，山东昆仑瓷器有限公司将历史与现代融合，在保留历史老厂房、老设备的基础上添加了现代艺术元素，华东地区最大的陶瓷文化交流平台——1954陶瓷文化创意园就这样诞生了。

在“瓷都”淄博，陶瓷早已成为了当地人生活习惯的一部分。随着时代进步和产业调整，曾经风光一时的陶瓷工厂最终没能逃过“落后产能”的魔爪，逐渐退出了历史舞台。1954年建厂的淄博瓷厂消失了，取而代之的是现代化的文创园。今天，老厂房变新地标，1954陶瓷文化创意园也成了新一代淄博人的陶瓷文化守护神。

鲁派内画：慈禧是第一位代言人

清光绪十六年，内画鼻烟壶工艺从京城传入博山。由于当地盛产琉璃，鼻烟壶工艺本就精湛，内画艺术可谓如鱼得水。鲁派内画开山鼻祖毕荣九便是结合自身画工与淄博琉璃鼻烟壶的特点，开创了鲁派内画。鲜为人知的是，第一个为鲁派内画代言的，竟是慈禧太后。

毕荣九自幼跟随伯父学习绘画，长大后开设了自己的“奎山堂”。京派内画鼻烟壶进入博山后，毕荣九便开始钻研这门艺术，很快便在这一行里小有名气。一次，山东巡抚张曜莅临博山督查公务，机缘巧合下得了一件毕荣九新作的内画鼻烟壶。这件鼻烟壶名曰《云龙》，壶内方寸之间画工卓绝，云海翻腾，神龙飞舞，一爪一鳞皆可数，灵巧威严恍如真。张曜一眼便相中了此物，找机会进献给了慈禧太后。没想到慈禧太后也爱不释手。好的京派鼻烟壶慈禧见过不少，但这件《云龙》画技独树一帜，鼻烟壶的琉璃工艺也与京派不同，两者融合得很好，在一众鼻烟壶里成了稀罕玩意。显摆，是女人的天性，慈禧也不例外。有了慈禧做“代言”，官员们纷纷前来“奎山堂”求购。鲁派内画一举成名，风靡官场，在业内炙手可热。

如今，鲁派内画鼻烟壶再也不只是装鼻烟这么简单。它承载的是匠人精神与艺术文化，或许“壶中天地大，方寸罗万象”是对其最好的评价。

鲁派内画：慈禧是第一位代言人

清光绪十六年，内画鼻烟壶工艺从京城传入博山。由于当地盛产琉璃，鼻烟壶工艺本就精湛，内画艺术可谓如鱼得水。鲁派内画开山鼻祖毕荣九便是结合自身画工与淄博琉璃鼻烟壶的特点，开创了鲁派内画。鲜为人知的是，第一个为鲁派内画代言的，竟是慈禧太后。

毕荣九自幼跟随伯父学习绘画，长大后开设了自己的“奎山堂”。京派内画鼻烟壶进入博山后，毕荣九便开始钻研这门艺术，很快便在这一行里小有名气。一次，山东巡抚张曜莅临博山审查公务，机缘巧合下得了一件毕荣九新作的内画鼻烟壶。这件鼻烟壶名曰《云龙》，壶内方寸之间画工卓绝，云海翻腾，神龙飞舞，一爪一鳞皆可数，灵动威严恍如真。张曜一眼便相中了此物，找机会进献给了慈禧太后，没想到慈禧太后也爱不释手。好的京派鼻烟壶慈禧见过不少，但这件《云龙》，画技独树一帜，鼻烟壶的琉璃工艺也与京派不同，两者融合得极好，在一众鼻烟壶里成了稀罕玩意。显摆，是女人的天性，慈禧也不例外。有了慈禧做“代言”，官员们纷纷前来“奎山堂”求购。鲁派内画一举成名，风靡官场，在业内炙手可热。

如今，鲁派内画鼻烟壶再也不只是装鼻烟这么简单，它承载的是匠人精神与艺术文化，或许“壶中天地大，方寸罗万象”是对其最好的评价。

淄川守护者：蛤蟆石

淄川洪山镇杜坡山上有一块远近驰名的巨石，因其形象如同蹲坐的蛤蟆，故而被叫作"蛤蟆石"。虽然蛤蟆石的渊源早已被证实—石器时代的巨石文化，但当地百姓还是更喜欢用传说来描绘这块巨石，把它看作此处的守护者。杜坡山一带很早就出现了村落，起初村里人以打柴捕猎为生。村民每次上山都要摸一摸蛤蟆石，认为能带来好运；下山时也习惯在蛤蟆石上稍作休息，站在蛤蟆石上还能看到山下的家；如果遇到风雷雨雪，蛤蟆石也是最好的躲避之处。据说有一天，村

里的一个猎户上山打猎时受了伤，好不容易坚持走到蛤蟆石，体力不支睡着了。夜晚他醒来时，发现自己身在一只大蛤蟆背上，而四周是汪洋河水。一个巨大的身影出现，手持一枚金丹喂给蛤蟆。猎户看到巨人与传说中的大禹无异。一道神光照向猎户，猎户眼前浮现出无数场景。原来，石蛤蟆是大禹治水时在此地降服的神兽，后被大禹命令守护此地。一阵轰鸣，猎户昏了过去，等他再醒来时已是天亮，而自己依然躺在蛤蟆石，只是身上的伤完全愈合。猎户回到村后将自己的事情讲给村民，村中老人则说，万物皆有灵性，若不是天意，怎会有这么一块蛤蟆石。

蛤蟆石现如今是淄博市级保护文物，当地人把它当作"守护者"，每年还有越来越多的人慕名而来瞻仰，都说这是集天地精华的无价之宝。

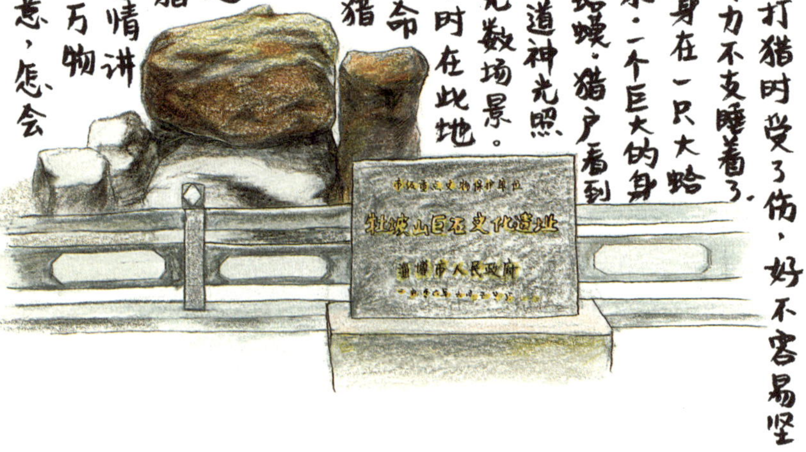

淄川守护者：蛤蟆石

淄川洪山镇杜坡山上有一块远近驰名的巨石，因其形象如同蹲坐的蛤蟆，故而被叫作“蛤蟆石”。虽然蛤蟆石的渊源早已被证实——石器时代的巨石文化，但当地百姓还是更喜欢用传说来描绘这块巨石，把它看作此处的守护者。

杜坡山一带很早就出现了村落，起初村里人以打柴捕猎为生。村民每次上山都要摸一摸蛤蟆石，认为能带来好运；下山时也习惯在蛤蟆石上稍作休息。站在蛤蟆石上还能看到山下的家；如果遇到风雷雨雪，蛤蟆石也是最好的躲避之处。据说有一天，村里的一个猎户上山打猎时受了伤，好不容易坚持走到蛤蟆石，体力不支睡着了。夜晚他醒来时，发现自己身在一只大蛤蟆的背上，而四周是汪洋河水。一个巨大的身影出现，那人手持一枚金丹，喂给蛤蟆。猎户看到巨人与传说中的大禹无异。一道神光照向猎户，猎户眼前浮现出无数场景。原来，石蛤蟆是大禹治水时在此地降服的神兽，后领大禹命令守护此地。一阵轰鸣，猎户昏了过去，等他再醒来时已是天亮，而自己依然躺在蛤蟆石上，只是身上的伤口完全愈合。猎户回到村后将自己的事情讲给村民，村中老人则说，万物皆有灵性，若不是天意，怎会有这么一块蛤蟆石。

蛤蟆石现如今是淄博市级保护文物，当地人把它当作“守护者”，每年还有越来越多的人慕名而来瞻仰，都说这是集天地精华的无价之宝。

7053次列车，中国最慢的绿皮火车

二〇一七年，中国的复兴号以高铁运营时速达到三百五十公里，一跃成为全球之最。似乎从火车为人类服务开始，提速就成为所有人关心的问题。而在淄博，却有一列行驶四十多年，至今未曾提速的绿皮火车，它的车次号是7053。

据7053次列车线的老师傅回忆：那时候，乘务员和村民们非常熟络，村民都是先上车后买票，和坐公交车一个样子。乘客大都是山里的乡亲，他们把农产品拿到市里售卖，讨生活。于是，大家都称这趟车是"庄户的列车"。到了二〇〇〇年，山里各村通了公路，年轻人陆续外出打工，7053次更多时候成为"探亲专列"。老人们拿着特产不再是出去售卖，而是去城里看孩子；节假日时候，年轻人也大包小包地回来探望父母。然而，列车客次的减少与其他交通的越发便利，7053次开始变得不再那么重要，车厢一度缩减，差点就消失在历史的烟波浩渺里。沉寂了一段时间，7053次被驴友们重新发现——山里的物产纯天然无污染，老乡们亲切实在，让7053次一下子成了网红的列车！坐惯了高铁后，再来体会这最高时速一百八十四公里的绿皮小火车，已不再是简单的旅途，更像是一次漫游。

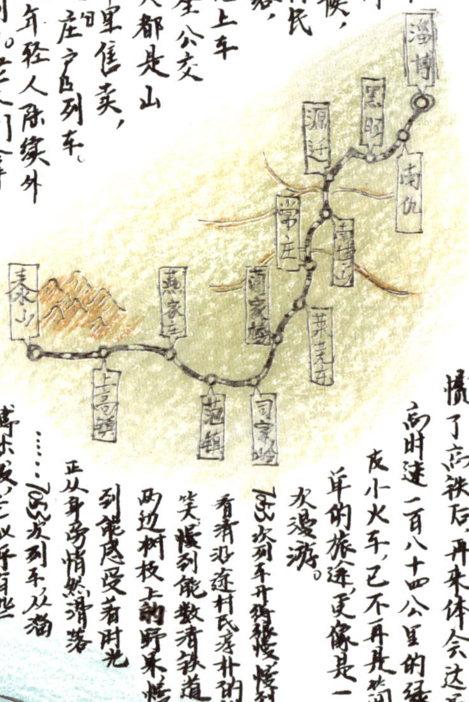

7053次列车开得慢慢，慢到能看清沿途村民淳朴的微笑，慢到能数清铁道两边树枝上的野果，慢到能感受着时光正从身旁悄然滑落……7053次列车，从淄博出发，它似乎有些蹒跚而行，放慢了速度，却留下了温度。

7053次列车——中国最慢的绿皮火车

2017年，中国“复兴号”高铁运营时速达到350公里，一跃成为全球之最。似乎从火车为人类服务开始，“提速”成为所有人关心的问题。而在淄博，却有一列行驶四十多年，至今未曾提速的绿皮火车，它的车次号是7053。

最初运行时，7053次有点充当“班车”的意思——主要是为了方便铁路职工上下班。20世纪90年代，铁路沿线的山村多了起来，由于当时几乎没什么公路，这趟列车一度成为山里人进出的唯一选择。

据7053次列车线的老师傅回忆：那时候，乘务员和村民们非常熟络，村民都是先上车后买票，和坐公交车一个样子。乘客大都是山里的乡亲，他们把农产品拿到市里售卖，讨生活。于是，大家都称这趟车是“庄户”列车。到了2000年，山里各村通了公路，年轻人陆续外出打工，7053次更多时候成为“探亲专列”。老人们拿着特产不再是出去售卖，而是去城里看孩子；节假日时候，年轻人也大包小包地回来探望父母。然而，列车客次的减少与其他交通的越发便利，7053次开始变得不再那么重要，车厢一度缩减，差点就消失在历史的烟波浩渺里。沉寂了一段时间，7053次被“驴友们”重新发现——山里的物产纯天然无污染，老乡们亲切实在——让7053次一下子成了“网红”列车。坐惯了高铁后，再来体会这最高时速184公里的绿皮小火车，已不再是简单的旅途，更像是一次漫游。

7053次列车开得很慢，慢到能看清沿途村民淳朴的微笑，慢到能数清铁道两边树枝上的野果，慢到能感受着时光正在从身旁悄然滑落……7053次列车，从淄博出发，它似乎有些蹒跚而行，放慢了速度，却留下了温度。

烤到滋滋冒油的肉串，小饼一卷，舒坦！

我们常听到大家说"没有什么事儿是一顿烧烤解决不了的，如果有，那就两顿"。但是在淄博，不需要这么麻烦，烧烤架往那一摆，事情就已经解决了。

淄博的烧烤方式与其它地方大有不同，你会发现一个摊位上不止一个烤炉，而是几张桌子就有几个烤炉！店家将烤肉烤到七八分熟端上来，客人根据自身的口味再烤。烤炉分为上下两层，炭火不旺却温度十足，下层慢慢烤，烤好的放在上层保温，这样就能保证客人吃到的肉串都是热乎乎的。很多人对自

己手动烧烤这件事有不可自拔的热爱，那么这里可以完全满足你。

淄博烤肉不是一串一串地上，而是二十串二十串地豪放点单。肉不大不小，有猪肉有羊肉，有精肉也有五花，店家提前腌制好，非常入味。将肉靠近炭火，烤得滋滋冒油，看着就很有食欲，烤焦的肥肉入口也不再油腻。淄博烧烤的主食也不是常见的烤馒头，而是当地特产的一种小饼，号称"小饼蘸大葱"，如果少了任何一种，淄博的烧烤都没了灵魂。把两串肉，板筋或蔬菜蘸上酱，夹着大葱，用小饼卷起来，那味道简直不要太好吃，瞬间到达人生巅峰！

对于很多外地的食客来说，专程跑来淄博只是为一顿烧烤，也是常有的事。毕竟，大家都忍不住要给淄博烧烤申请专利了。没有烧烤的夏天是不完整的，没吃过淄博的烧烤就别说你吃过烧烤啦！

烤到滋滋冒油的肉串，小饼一卷，舒坦！

我们常听到大家说："没有什么事儿是一顿烧烤解决不了的，如果有，那就两顿。"但是在淄博，不需要这么麻烦，烧烤架往那一摆，事情就已经解决了。

淄博的烧烤方式与其他地方大有不同，你会发现一个摊位上不止一个烤炉，而是有几张桌子就有几个烤炉。店家将烤肉烤到七八分熟端上来，客人根据自身的口味再烤。烤炉分为上下两层，炭火不旺却温度十足，下层慢慢烤，烤好的放在上层保温，这样就能保证客人吃到的肉串都是热乎乎的。很多人对自己动手烧烤这件事有不可自拔的热爱，那么这里完全可以满足你。

淄博烤肉不是一串一串地上，而是二十串二十串地豪放点单。肉不大不小，有猪肉有羊肉，有精肉也有五花，店家提前腌制好，非常入味。将肉靠近炭火，烤得滋滋冒油，看着就很有食欲，烤焦的肥肉入口也不再油腻。淄博烧烤的主食也不是常见的烤馒头，而是当地特产的一种小饼，号称"小饼酱大葱"，如果少了任何一种，淄博的烧烤都没了灵魂。把一两串肉、板筋或蔬菜蘸上酱，夹着大葱，用小饼卷起来，那味道简直不要太好吃，瞬间到达人生巅峰！

对于很多外地的食客来说，专程跑来淄博只为一顿烧烤，也是常有的事。毕竟，大家都忍不住要给淄博烧烤申请专利了。没有烧烤的夏天，是不完整的；没吃过淄博的烧烤，就别说你吃过烧烤啦！

源于淄博的冷门成语

成语是中国文化的一大特色，通常一个成语源于某个历史典故，在表达意思的同时还能引人深思。源于淄博的成语不下百个，而且有很多冷门的成语颇有趣味。

“呆若木鸡”表示很厉害。战国时贵族圈里流行斗鸡，齐王也是一名斗鸡迷。齐王请纪子帮他训练斗鸡，没想到比赛时对方的鸡上蹿下跳、又鸣又闹，但纪子训练的鸡像“木鸡”一样，岿然不动，对手的鸡都被吓跑了。所以，“呆若木鸡”在过去很可能是褒义词，形容人很厉害。

“人才为宝”是超级远见的人才观。齐威王与魏惠王打猎，二人论宝。魏惠王说魏国有大珍珠为重宝，而齐威王以檀子、盼子、黔夫、种首四位臣子的治国才能为国宝。如此看来，当今社会的“人才发展观”，在几千年前的齐国就已经有了。

“及瓜而代”教人要诚信。齐襄公一直嫉妒父亲偏爱表弟公孙无知，待他成为国君后，一直以欺辱公孙无知为乐。后来齐襄公派连称、管至父去戍守葵丘（今临淄县西），承诺来年瓜熟期派人替换。然而，齐襄公也食言了。正所谓“君无信则失天下”，连称、管至父联合公孙无知，带兵杀入王城，废齐襄公，扶公孙无知为新齐王。

泱泱大风、嗟来之食、秉笔直书、比肩接踵……一个个熟悉而又陌生的成语，仿佛为我们开启了另一扇门，从一个新的视角来了解淄博。

源于淄博的冷门成语

成语是中国汉文化的一大特色，通常一个成语源于某个历史典故，在表达意思的同时还能引人深思。源于淄博的成语不下百个，而且有很多冷门的成语颇有趣味。

“呆若木鸡”表示很厉害。

战国时，贵族圈里流行斗鸡，齐王也是一名斗鸡迷。齐王请纪子帮他训练斗鸡，没想到比赛时对方的鸡上蹿下跳、又鸣又闹，但纪子训练的鸡像“木鸡”一样，岿然不动，因此，对手的鸡都被吓跑了。所以，“呆若木鸡”在过去很可能是褒义词，形容人很厉害。

“人才为宝”是超级远见的人才观。

齐威王与魏惠王打猎，二人论宝。魏惠王说魏国有大珍珠为重宝，而齐威王则以檀子、肦子、黔夫、种首四位臣子的治国才能为国宝。如此看来，当今社会的“人才发展观”，在几千年前的齐国就已经有了。

“及瓜而代”教人要诚信。

齐襄公一直嫉妒父亲偏爱表弟公孙无知，待他成为国君后，一直以欺辱公孙无知为乐。后来，齐襄公派连称、管至父去戍守葵丘（今临淄县西），承诺来年瓜熟期派人替换。然而，齐襄公也食言了。正所谓“君无信则失天下”，连称、管至父联合公孙无知，带兵杀入王城，废齐襄公，扶公孙无知为新齐王。

泱泱大风、嗟来之食、秉笔直书、比肩接踵……一个个熟悉而又陌生的成语，仿佛为我们开启了另一扇门，让我们从一个新的视角来了解淄博。

西关大集：赶集，我们是认真的

西关大集旧称『淄城大集』，因集市设在淄城西关，民间俗称『西关大集』。据市志记载，大集最热闹之时延绵孝妇河西岸数余里，单日客流超过十万人。中华人民共和国成立后，有一段时间，每逢集日，赶集的人流、货品、交易额等情况都要及时上报中央，赶集赶得如此『认真』，可谓少见。西关大集历史悠久。据史料记载，此处在南北朝时期就是四方杂货聚集之地，到了清代，集市税收已经是地方财政重要收入之一。一九六〇年，由于西关大集规模宏大且在当地影响力较大，此处被中央工商行政管理局选为联络点，受重视程度再次提升。当时每逢集日，会有人员专门清点市集内的商户人数与客流人数，并对集市中的商品种类进行细致记录，对个别买卖人员进行盘查。最后，要对整日的交易额、交易量，甚至物品价格变化进行统计和分析。这些报告在第一时间被提报给市、省甚至中央有关部门。对于老百姓而言，这段特殊时期的『认真』让大家受宠若惊。因为集市受到重视，老百姓对在此赶集更加放心。

赶集是一种情绪，一种劲头，一种参与感。虽然现今城市发展迅速，各大超市、商场与网络购物完全可以满足人们生活需求，但每逢西关大集这样的传统集市，老百姓依然满怀喜悦地投身其中。

西关大集：赶集，我们是认真的

西关大集旧称“淄城大集”，因集市设在淄城西关，民间俗称“西关大集”。据市志记载，大集最热闹之时延绵孝妇河西岸数余里，单日客流超过十万人。中华人民共和国成立后，有一段时间，每逢集日，赶集的人流、货品、交易额等情况都要及时上报中央，赶集赶得如此“认真”，可谓少见。

西关大集历史悠久。据史料记载，此处在南北朝时期就是四方杂货聚集之地，到了清代，集市税收已经是地方财政重要收入之一。1960年，由于西关大集规模宏大且在当地影响力较大，此处被中央工商行政管理局选为联络点，其受重视程度再次提升。当时每逢集日，会有人员专门清点市集内的商户人数与客流人数，并对集市中的商品种类进行细致记录，对个别买卖人员进行盘查。最后，要对整日的交易额、交易量，甚至物品价格变化进行统计和分析。这些报告在第一时间被提报给市、省甚至中央有关部门。对于老百姓而言，这段特殊时期的“认真”让大家受宠若惊。因为集市受到重视，老百姓对在此赶集更加放心。

赶集是一种情绪，一种劲头，一种参与感。虽然现今城市发展迅速，各大超市、商场与网络购物完全可以满足人们的生活需求，但每逢西关大集这样的传统集市，老百姓依然满怀喜悦地投身其中。

淄博古桥杂记

古桥，像一个被圈的老疙瘩，盘结在这座城市的交通图中，它们看起来或许有些破旧，与日新月异的柏油马路并不协调，但它们却如同记事珠一般，投影着城市的一段段往事。

永济桥。始建于明代，石拱结构，因桥有七孔，民间俗称"七孔桥"。永济桥是孝妇河上第一座较宽的石桥，与它同期的多为小木桥，所以备受百姓喜爱。桥身历经多次损毁，都被民间自发修复，一直坚守"永远济世"的初心。

六龙桥。俗称西关大桥，由淄川出发，西去省府，南到博山，北往张店，都必经此桥，旧时堪称"淄川咽喉"。据说，正是因为进出淄川都汇集于此，才形成了后来的西关大集。

苏相桥。老苏相桥在一九四七年时因护城被炸毁，后来很快被修复。虽然桥长不足十米且略显破败，却是老淄博人的一种寄托，其知名度不在任何一座桥之下。

黄桑桥。张店美食街西大门有一块石碑上写着"黄桑桥"，以此可引出张店区的渊源。这里最初是一片黄桑林，后来店家越来越多，改称"黄桑店"。其中张姓店家越做越大，这才逐步发展成为张家店——也就是张店的前身。

淄博古桥杂记

古桥，像一个个顽固的老疙瘩，盘结在这座城市的交通图中。它们看起来或许有些破旧，与日新月异的柏油马路并不协调，但它们却如同记事珠一般，投影着城市的一段段往事。

永济桥。

始建于明代，石拱结构，因桥有七孔，民间俗称“七孔桥”。永济桥是孝妇河上第一座较宽的石桥，与它同期的多为小木桥，所以备受百姓喜爱。桥身历经多次损毁，都被民间自发修复，一直坚守“永远济世”的初心。

六龙桥。

俗称西关大桥，由淄川出发，西去省府，南到博山，北往张店，都必经此桥，旧时堪称“淄川咽喉”。据说，正是因为进出淄川都汇集于此，才形成了后来的西关大集。

苏相桥。

老苏相桥在1947年时因护城被炸毁，后来很快被修复。虽然桥长不足十米且略显破败，却是老淄博人的一种寄托，其知名度不在任何一座桥之下。

黄桑桥。

张店美食街西大门有一块石碑写着“黄桑桥”，以此可引出张店区的渊源。这里最初是一片黄桑林，后来店家越来越多，改称“黄桑店”。其中，张姓店家越做越大，这才逐步发展成为“张家店”——也就是张店的前身。

寥寥数百字，写不尽淄博古桥，更说不完城市的回忆。或许，只有踏上这些古桥，抚摸着桥上的砖石印记，才能读懂古桥记忆里的淄博往事。

淄博各区八景，快被历史遗忘了

淄博市所辖区县各有特色。有的踞山峦之姿，风光隽秀；有的执河流之美，温婉瑰丽；有的因历史沉淀，底蕴深厚；有的因名人游历，文化……总之，旧时文人早已将各区县品评一二，还分别总结了「八景」记录在册。只是，随着时代发展，这些美景渐渐被人遗忘了。

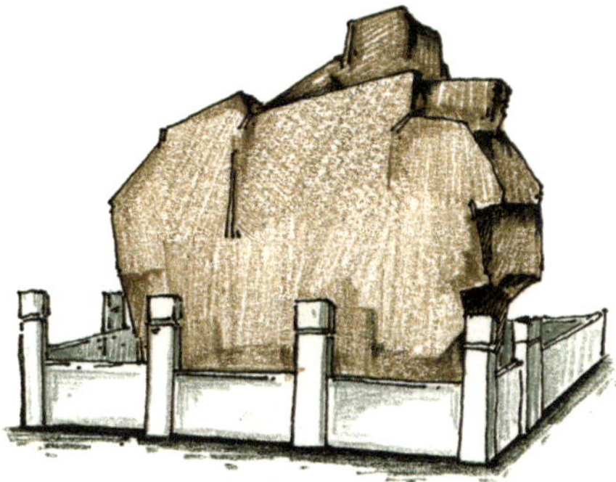

博山八景

黑山暮雨雁飞斜。城东南侧，有一座盛产矽砂矿石的黑山，山顶有一块巨石。据说，每逢阴雨天的傍晚，把耳朵靠近这块巨石，便能听到雨声，故称「暮雨石」。也有人说，每有大雁成群飞过大石上空，雁群就会分开，待飞远后再集结成队，所以又有「分雁石」的称呼。

峨岭晴岚点暮鸦。峨岭位于城南二里，城中乌鸦每晚返回李家林入巢之前，都会在山前停歇，一时漫山如墨，鸦声一片后全部飞走，场面甚是奇特。

孝水澄清遗妇泽。孝妇河不仅是博山久负盛名的自然风光，更是「孝」文化的传承地。人们希望孝心如河水一般川流不息，泽被后人。

阳坡绕翠近人家。旧时人们称峨岭南坡为「阳坡」，因阳光可终日照耀这片山坡，所以有「秋日花不谢，隆冬未知寒」的说法。

禹山积雪阴无日。禹王山是博山区最高的山峰之一，其断层裂缝内不见阳光，积雪常年不化。每逢大雨前夕，山顶必有云雾环绕，当地有「禹山戴帽，大雨之兆」的民谚。

仙洞藏春地早花。旧时团山吕仙洞中有温泉，由于水温高且水汽重，导致洞前总

淄博各区八景，快被历史遗忘了

淄博市所辖区县各有特色。有的踞山峦之姿，风光隽秀；有的执河流之美，温婉瑰丽；有的因历史沉淀，底蕴深厚；有的因名人游历，文化绚烂……总之，旧时文人早已将各区县品评一二，还分别总结了“八景”记录在册。只是，随着时代发展，这些美景渐渐被人遗忘了。

博山八景

黑山暮雨雁飞斜。城东南侧，有一座盛产矽砂矿石的黑山，山顶有一块巨石。据说，每逢阴雨天的傍晚，把耳朵靠近这块巨石，便能听到雨声，故称“暮雨石”。也有人说，每有大雁成群飞过大石上空，雁群就会分开，待飞远后再集结成队，所以又有“分雁石”的称呼。

峨岭晴岚点暮鸦。峨岭位于城南二里，城中乌鸦每晚返回李家林入巢之前，都会在山前停歇，一时间漫山如墨，鸦声一片后全部飞走，场面甚是奇特。

孝水澄清遗妇泽。孝妇河不仅是博山久负盛名的自然风光，更是“孝”文化的传承地。人们希望孝心如河水一般川流不息，泽被后人。

阳坡绕翠近人家。旧时人们称峨岭

比其他地方的温度高、湿度大，每年春来之时此处植草率先吐绿。秋谷高风贤址在。范仲淹少时在秋谷荆山寺读书，后人在此处为其建祠纪念。旧时，常有文人雅客来此凭吊。

珠泉印月烹新茶。玉泉寺里的珠泉又叫「二女泉」，水质甘洌，极为适合烹茶。旧时，每年新茶上市时，不少人前来取水烹茶。

淄川八景

昆仑叠翠。昆仑镇的昆仑山，地形如轱轮，原名「轱轮山」。每年春夏时分，山上树木葱翠，层层叠叠，颇有趣味。

孝水澄清。孝妇河流至西城墙下时清澈见底，人言「孝心可鉴日月」。

郑公书院。相传，郑玄曾在黉山南半坡授课，著述百万言，生徒数千人。为纪念郑玄，此处曾建有郑康成祠。

苏相石桥。相传，苏秦曾在齐国为自己选墓所，所定之地即今二里乡北「苏相桥」处。苏秦死后并未葬于此，后人为纪念苏秦修建了此桥。

丰源牧歌。猪龙河的源头牧草丰沛，古诗有云「三月微雨芸衣湿，八日斜阳笛韵清」，虽没有「风吹草低见牛羊」的壮美，却也是一番美景。

万山樵唱。县志记载，自塔寺镇以东，「群山环绕，不可数计」，每到傍晚有樵夫担柴而归，山歌回响于山林中。

圣庙古松。现今的区机关宿舍院址原为当地孔庙。据说，其中本有十三棵千年古树，后毁于一场大火，不禁让人为之惋惜。

禅林峻塔。明朝时，淄川县令曾作诗「屹立县以东，峻极遥

南坡为“阳坡”，因阳光可终日照耀这片山坡，所以有“秋日花不谢，隆冬未知寒”的说法。

禹山积雪阴无日。禹王山是博山区最高的山峰之一，其断层裂缝内不见阳光，积雪常年不化。每逢大雨前夕，山顶必有云雾环绕，当地有“禹山戴帽，大雨之兆”的民谚。

仙洞藏春地早花。旧时团山吕仙洞中有温泉，由于水温高且水汽重，导致洞前总比其他地方的温度高、湿度大，每年春来之时此处植草率先吐绿。

秋谷高风贤址在。范仲淹少时在秋谷荆山寺读书，后人在此处为其建祠纪念。旧时，常有文人雅客来此凭吊。

珠泉印月烹新茶。龙泉寺里的珠泉又叫“二女泉”，水质甘洌，极为适合烹茶。旧时，每年新茶上市时，不少人前来取水烹茶。

淄川八景

昆仑叠翠。昆仑镇的昆仑山，地形如轱轮，原名“轱轮山”。每年春夏时分，山上树木葱翠，层层叠叠，颇有趣味。

孝水澄清。孝妇河流至西城墙下时清澈见底，人言“孝心可鉴日月”。

郑公书院。相传，郑玄曾在黉山南半坡授课，著述百万言，生徒数千人。为纪念郑玄，此处曾建有郑康成祠。

苏相石桥。相传，苏秦曾在齐国为自己选墓所，所定之地即今二里乡北“苏相桥”处。苏秦死后并未葬于此，后人为纪念苏秦修建了此桥。

丰源牧歌。猪龙河的源头牧草丰沛，古诗有云“三月微雨蓑衣湿，八月斜阳笛韵清”，虽没有“风吹草低见牛羊”的壮美，却也是一番美景。

万山樵唱。县志记载，白塔寺镇以东，“群山环绕，不可数计”，每到傍晚有樵夫担柴而归，山歌回响于山林中。

圣庙古松。现今的区机关宿舍院址原为当地孔庙。据说，其中本有十三棵千年古树，后毁于一场大火。不禁让人为之惋惜。

禅林峻塔。明朝时，淄川县令曾作诗“屹立县以东，峻极遥见天”。只是，如今已无法寻觅到这一文献中的盛景了。

见天日。只是，如今已无法寻觅到这一文献中的盛景了。

临淄八景

高阳馆外酒旗风。高阳临近乌河，酿酒业十分兴盛，处处酒旗飞扬，步步酒气飘香。

矮矮槐阴夏日浓。大武乡有一棵矮槐树，相传，当年赵匡胤曾在上面晾过龙袍，所以此树再也长不高。

秋入龙池月皎皎。齐陵镇东有一名曰「龙池」的水湾，其东西两侧各有一口水井。旧时每到月圆，尤其是中秋佳节，可在一湾两井中皆见明月。

春回牛山雨蒙蒙。清明前后，天降细雨，与山下温泉热气相融，雾气弥漫牛山。

古冢遗迹怀晏相。城西三里有名相晏婴的冢墓，后人多有祭拜。

荒台故址吊桓公。桓公台是昔日齐桓公登高望远、宴请宾朋的地方，可惜如今已成为一处荒坡。

淄江钓罢归来晚。据说姜太公治理齐国，闲暇之余常来淄水垂钓。

西寺楼头听晚钟。西关北侧西天寺钟楼上的铁钟有一人多高，破晓之时僧侣敲响晨钟，钟声回荡在方圆十里范围。

桓台八景

桓公戏马。新城北侧是早年齐桓公驯马的地方。古代马匹如同今日豪车，据说齐桓公的宝马有上百匹之多。

萤宫柏翠。旧时，城内文庙称为「萤宫」，庙内有参天柏树，相传是仙人所种。

鼓楼阴雨。早先府前鼓楼下涵洞内的东墙上，有一块奇石，据说是修建时无意镶嵌在内。凡阴雨天，石头表面会现

临淄八景

高阳馆外酒旗风。高阳邻近乌河，酿酒业十分兴盛，处处酒旗飞扬，步步酒气飘香。

矮矮槐阴夏日浓。大武乡有一棵矮槐树，相传，当年赵匡胤曾在上面晾过龙袍，所以此树再也长不高。

秋入龙池月皎皎。齐陵镇东有一名曰“龙池”的水湾，其东西两侧各有一口水井。旧时每到月圆，尤其是中秋佳节，可在一湾两井中皆见明月。

春回牛山雨蒙蒙。清明前后，天降细雨，与山下温泉热气相融，雾气弥漫牛山。

古冢遗迹怀晏相。城西三里有名相晏婴的冢墓，后人多有祭拜。

荒台故址吊桓公。桓公台是昔日齐桓公登高望远、宴请宾朋的地方，可惜如今已成为一处荒坡。

淄江钓罢归来晚。据说，姜太公治理齐国，闲暇之余常来淄水垂钓。

西寺楼头听晓钟。西关北侧西天寺钟楼上的铁钟有一人多高，破晓之时僧侣敲响晨钟，钟声回荡在方圆十里范围。

桓台八景

桓公戏马。新城北侧是早年齐桓公驯马的地方。古代马匹如同今日豪车，据说齐桓公的宝马有上百匹之多。

黉宫柏翠。旧时城内文庙称为“黉宫”，庙内有参天柏树，相传是仙人所种。

鼓楼阴雨。早先府前鼓楼下涵洞内的东墙上，有一块奇石，据说是修建时无意镶嵌在内。凡阴雨天，石头表面会提前凝结露水，露水多少便预兆雨水大小。

青沙落雁。县城西北角有一处青沙泊，内生芦苇小鱼，春秋时节，大雁每过此地必停歇片刻，少则几只，多则上百，起落觅食，遥望如画。

锦秋泛舟。锦秋湖即马踏湖，泛舟湖上颇有诗意，古今亦然。

索镇云涛。今索镇大桥北侧。原本在河中有一处船形湿地，上有杨柳百株。每逢阴雨天，湿地之上便有云雾缭绕，如云涛一般。

石桥晓月。猪龙河上有一座晓月桥，桥上石狮子头顶有一油滑凹处。相传古时这凹处内嵌一颗夜明珠，夜晚与

前数结露水，露水多少便预兆雨水大小。

青沙落雁。县城西北角有一处青沙泊，内生芦苇小鱼。春秋时节，大雁每过此地必停歇片刻。少则几只多则上百，起落觅食，遥望如画。

锦秋泛舟。锦秋湖即马踏湖，泛舟湖上颇有诗意，古今亦然。

索镇云涛。今索镇大桥北侧，原本在河中有一处船形湿地，上有杨柳百株。每逢阴雨天，湿地之上便有云雾缭绕，如云涛一般。

石桥晓月。猪龙河上有一座晓月桥，桥上石狮子头顶有一油滑凹处。相传古时这凹处内嵌一只夜明珠，夜晚与明月交映，石桥也因此得名。

铁山晚照。铁山在如今张店区中埠镇内，因山有金属矿，山石颜色各异。旧时，夕阳照山会映照出五彩的光芒，煞是好看。

高青八景

济水明霞。古时济水穿过县内。日暮之时，站在古瞿城城头，看南侧济水倒映霞光，别有一番夕阳晚照之美。

南浦渔歌。旧时马踏湖俗称“南浦”，渔民放歌打鱼。也有人说，这与“马山樵歌”互为“渔樵问答”。

瞿城春雨。古狄国都城便在此处。旧时蒙蒙细雨时出现过几次“海市蜃楼”，百姓皆言是古瞿城的景象。

商山霁雪。商山即黑铁山。据说，乾隆皇帝看地图时发现这一带只有高青没有山，而城无山便没有依靠，便把商山划给高青，成为一段佳话。

灵庙遗忠。旧时高苑城里有座三灵侯庙，庙里供奉着三位谏官。后人多来上香祈愿，希望一生多遇良言。

瓮河播孝。瓮河是孝妇河的别称。旧时当地有习俗，家中有孩童便于上元节在河中放灯，在孩子心中播下孝顺的种子。

古墟牧唱。城西北侧是战国义士鲁仲连之墓，周边是一片天然牧场。很多牧童一边放牧一边放歌，歌唱着鲁仲连的事迹。

灵台秋月。据说此台与五帝有关，又称“灵台”。后人在此修建玉皇庙，中秋登台赏月，城内景观尽收眼底。

明月交映，石桥也因此得名。

铁山晚照。铁山在如今张店区中埠镇内，因山有金属矿，山石颜色各异。旧时，夕阳照山会映照出五彩的光芒，煞是好看。

高青八景

济水明霞。古时济水穿过县内。日暮之时，站在古翟城城头，看南侧济水倒映霞光，别有一番夕阳晚照之美。

南浦渔歌。旧时马踏湖俗称“南浦”，渔民放歌打鱼。也有人说，这与“万山樵歌”互为“渔樵问答”。

翟城春雨。古翟国都城便在此处。旧时蒙蒙细雨时出现过几次“海市蜃楼”，百姓皆言是古翟城的景象。

商山霁雪。商山即黑铁山。据说，乾隆皇帝看地图时发现这一带只有高青没有山，而城无山便没有依靠，便把商山划给高青，成为一段佳话。

灵庙遗忠。旧时高苑城里有座三灵侯庙，庙里供奉着三位谏官。后人多来上香祈愿，希望一生多遇良言。

笼河播孝。笼河是孝妇河的别称。旧时当地有习俗，家中有孩童便于上元节在河中放灯，在孩子在心中播下孝顺的种子。

古墟牧唱。城西北侧是战国义士鲁仲连之墓，周边是一片天然牧场。很多牧童一边放牧一边放歌，歌唱着鲁仲连的事迹。

灵台秋月。据说此台与玉帝有关，又称“灵台”。后人在此修建玉皇庙，中秋登台赏月，城内景观尽收眼底。

时光流逝，岁月沧桑，如今淄博各县区的八景所剩无几，偶有新八景出现，却因城市繁华而少了几分自然与人文之美。虽然旧时八景多留于书册，但却让今时之人对这座文化古城又增添了几分向往。

第六章

风云人物

田单：史上最牛的城管

田单

齐国临淄城。繁华的夜市，各色商贩热情地招呼客人。此时，一位看起来严肃而又疲惫的『城管』走在中间，例行维持秩序。小贩们又敬又怕，露出讨好的神色，心里却满是不屑。谁会想到，拯救齐国的重任会落在一个『城管』的肩上。这个人就是田单，在风流人物辈出的齐国，他算不上『一线』：在赫赫有名的田氏家族中，他只是个远亲，即便谋了个一官半职，也只是个市掾——管理市场的『城管』。也许，正是这个草根出身且没有研读过兵法的人，想出了救国的野路子——火牛阵。在齐国将要亡国的时候，田单才登上历史舞台。谁知，一上台遇见的对手就是著名的乐毅，齐国仅剩两座城池，田单想要扭转乾坤，概率极低，只能靠智取。终于，田单分析燕国时局找到了『痛点』所在：燕惠王与名将乐毅不合。于是『反间计』计上心来，他派人『忽悠』燕王，说乐毅要自立为王才迟迟不肯攻下即墨。燕王对此很是忌惮，冲动之下做出了『临阵换将』的蠢事。时机成熟，田单拿出了最后的撒手锏——火牛阵。他令人点燃牛尾，千头大牛踏破燕营，五千勇士紧跟在后奋勇杀敌，一举收复失地，光复齐国。所谓时势造英雄 如果燕国不曾伐齐，田单或许一辈子就只是个『城管』。然而，当田单成为英雄扭转时势后，也没能免于『兔死狗烹』的命运。巧合的是，跟乐毅一样，他也是客死赵国。

田单：史上最牛的城管

齐国临淄城。繁华的夜市，各色商贩热情地招呼客人。此时，一位看起来严肃而又疲惫的“城管”走在中间，例行维持秩序。小贩们又敬又怕，露出讨好的神色，心里却满是不屑。谁会想到，拯救齐国的重任会落在一个“城管”的肩上。

这个人就是田单，在风流人物辈出的齐国，他算不上“一线”；在赫赫有名的田氏家族中，他只是个远亲，即使谋了个一官半职，也只是个市掾——管理市场的“城管”。也许，正是这个草根出身且没有研读过兵法的人，想出了救国的野路子——火牛阵。

在齐国将要亡国的时候，田单才登上历史舞台。谁知，一上台遇见的对手就是著名的乐毅，齐国仅剩两座城池，田单想要扭转乾坤，概率极低，只能靠智取。终于，田单分析燕国时局，找到了“痛点”所在：燕惠文王与名将乐毅不合。于是“反间计”计上心来，他派人“忽悠”燕王，说乐毅要自立为王才迟迟不肯攻下即墨。燕王对此很是忌惮，冲动之下做出了“临阵换将”的蠢事。时机成熟，田单拿出了最后的撒手锏——火牛阵。他令人点燃牛尾，千头大牛踏破燕营，五千勇士紧跟在后奋勇杀敌，一举收复失地，光复齐国。

所谓时势造英雄。如果燕国不曾伐齐，田单或许一辈子就只是个“城管”。然而，当田单成为英雄扭转时势后，也没能免于“兔死狗烹”的命运。巧合的是，跟乐毅一样，他也是客死赵国。

粮仓总管淳于意，转行行医录诊籍

今天，若是去医院看病病历就是我们在医院的证明。但在两千多年前，病历是不存在的。直到西汉临淄名医淳于意才第一次系统地将病人病情记录在『诊籍』中，开创了医生写病历的先河，『诊籍』也成了世界上最早的病历。淳于意本职是粮仓总管，就是古代负责粮食的公务员。最开始，他给人看病纯属业余爱好。后来他拜师孙阳庆，正式转行挂牌行医。他的足迹遍布齐鲁大地，上至王公贵族，下至平民百姓，淳于意皆一视同仁，用自己的医术救死扶伤。虽然很快就小有名气，但淳于意一边悬壶济世一边钻研古籍，积极钻研医术。连医圣张仲景都对他赞不绝口：“上古有神农、黄帝、岐伯、伯高、雷公、少俞、少师、仲文，中世有长桑、扁鹊，汉有公乘阳庆及仓公。下此以往，未之闻也。”

淳于意最大的贡献是开创了『诊籍』制度。在这之前，由于没有病情记录，很多医生都要对同一个病人的病情做出重复治疗，往往事倍功半。当意识到问题所在后，淳于意每次会诊都会记录下病人的姓名、籍贯、职业、病因等信息。《史记》里提到，一共有二十五例病案。淳于意不弄虚作假，真实地记录病情，其中十五例成功治愈，十例无效死亡。这些宝贵的『诊籍』真实记载了各类早期病例，对中国古代医疗发展贡献巨大。在《史记》里，司马迁把淳于意和名医扁鹊齐名，合写《扁鹊仓公列传》，足以见其贡献和影响力。

粮仓总管淳于意，转行行医录诊籍

今天，若是去医院看病，病历就是我们在医院的证明。但在两千多年前，病历是不存在的。直到西汉，临淄名医淳于意才第一次系统地将病人病情记录在“诊籍”中，开创了医生写病历的先河，“诊籍”也成了世界上最早的病历。

淳于意本职是粮仓总管，就是古代负责粮食的公务员。最开始，他给人看病纯属业余爱好。后来他拜师孙阳庆，正式转行，挂牌行医。他的足迹遍布齐鲁大地，上至王公贵族，下至平民百姓，淳于意皆一视同仁，用自己的医术救死扶伤。虽然很快就小有名气，但淳于意一边悬壶济世一边钻研古籍，积极钻研医术。连医圣张仲景都对他赞不绝口：“上古有神农、黄帝、岐伯、伯高、雷公、少俞、少师、仲文,中世有长桑、扁鹊,汉有公乘阳庆及仓公,下此以往,未之闻也。”

淳于意最大的贡献是开创了“诊籍”制度。在这之前，由于没有病情记录，很多医生都要对同一个病人的病情做出重复治疗，往往事倍功半。当意识到问题所在后，淳于意每次会诊都会记录下病人的姓名、籍贯、职业、病因等信息。《史记》里提到，一共有二十五例病案。淳于意不弄虚作假，真实地记录病情，其中十五例成功治愈，十例无效死亡。这些宝贵的“诊籍”真实记载了各类早期病例，对中国古代医疗发展贡献巨大。在《史记》里，司马迁把淳于意和名医扁鹊齐名，合写传记《扁鹊仓公列传》，足以见其贡献和影响力。

小贴士：

世界上被记录的第一位足球球迷就是淳于意的病人——项处。他身患“牡疝”需要休息，却因“球瘾难抑”而去踢球，结果第二天病发，不治身亡。淳于意将此事如实记录在自己的“诊籍”里。

一辈子都不招人待见的主父偃

主父偃，汉代名臣，凭借『推恩令』得到汉武帝重用，从一个寻常门客接连升迁，位及中大夫。盘点主父偃的一生：无论穷困潦倒还是高官厚禄，除了汉武帝外似乎没什么人喜欢他。

主父偃自幼家贫，早期学习"长短纵横之术"，即游说、辩才。这原本是一门教人"好好说话"的技术，但主父偃偏偏走向了一个极端：得理不饶人。无论亲戚朋友还是同窗熟人，只要言行不当就会被他咬住不放，抨击到底，导致人缘极差。后来，他在齐国实在混不下去了，只能远走他乡试试运气。主父偃走遍燕、赵、中山等国一路被人嫌弃。几近饿死时，他投奔了卫青。卫青军旅出身，不太在乎主父偃嘴臭。他也看出主父偃确实有才华，便屡次推荐给汉武帝，后因"推恩令"汉武帝对主父偃相见恨晚。

衣锦还乡，主父偃又干了一件超乎想象的事：撒金断交。当时家乡亲友得知他要回齐国，不远千里来迎接。可主父偃不仅没有感动，还扔了一地金银羞辱亲友，让亲友捡钱，扬言捡完后就互不相欠，老死不相往来。汉代尊儒，脸可以比兜干净，但面子比命珍贵。关键是，跟随主父偃的人也看在眼里，寒在心里。最终主父偃死去的时候连个收尸的人都没有。人们总说：智商高不如情商高，会办事不如会聊天。一代名臣主父偃，『推恩令』的主导者，若是会好好说话，或许历史成就会更高。

一辈子都不招人待见的主父偃

主父偃，汉代名臣，凭借“推恩令”得到汉武帝重用，从一个寻常门客接连升迁，位及中大夫。盘点主父偃的一生：无论穷困潦倒还是高官厚禄，除了汉武帝外，似乎没什么人喜欢他。

主父偃自幼家贫，早期学习“长短纵横之术”，即游说、辩才。这原本是一门教人“好好说话”的技术，但主父偃偏偏走向了一个极端：得理不饶人。无论亲戚朋友还是同窗熟人，只要言行不当，就会被他咬住不放，抨击到底，导致人缘极差。后来，他在齐国实在混不下去了，只能远走他乡试试运气。主父偃走遍燕、赵、中山等国，一路被人嫌弃。几近饿死时，他投奔了卫青。卫青军旅出身，不太在乎主父偃“嘴臭”。他也看出主父偃确实有才华，便屡次推荐给汉武帝，后因“推恩令”汉武帝对主父偃相见恨晚。

衣锦还乡，主父偃又干了一件超乎想象的事：撒金断交。当时，家乡亲友得知他要回齐国，不远千里来迎接。可主父偃不仅没有感动，还扔了一地金银羞辱亲友，让亲友捡钱，扬言捡完后就互不相欠，老死不相往来。汉代尊儒，脸可以比兜干净，但面子比命珍贵。关键是，跟随主父偃的人也看在眼里，寒在心里。最终主父偃死去的时候，连个收尸的人都没有。

人们总说：智商高不如情商高，会办事不如会聊天。一代名臣主父偃，“推恩令”的主导者，若是会好好说话，或许历史成就会更高。

左思：丑男作家逆袭后甘为女儿奴

西晋是一个文化程度很高的时代，『洛阳纸贵』可见端倪，引起洛阳纸贵的原因是一篇名叫《三都赋》的文章，作者是左思。

左思成名之路很坎坷。他出身『寒门』『被爹坑』。左父官至殿中侍御史，才女妹妹左棻嫁入宫中，左家是皇亲国戚但与王谢等『名门』相比只是『寒门』。左思自小学习乐器、胡书和胡琴，但未学成，其父说他『都快成年，学识还不及我小时候』。其二，魏晋极重颜值。《世说新语》记载左思『绝丑』，而好友潘安是美男子，潘安出门如明星巡演，『粉丝』送花送水果，有『掷果盈车』的美谈。左思十分羡慕，于是『狐假虎威』，和潘安一起逛街，可是被小姐们丢了一堆破砖乱瓦，非常凄惨。

左思郁闷后决定『逆袭』，作一篇《三都赋》争取『一鸣惊人』。于是他疯狂查资料、实地调研，十年苦写，终成大作。

左思十分满意，但发表后并未引起轰动。左思想了一下，决定借助『名人效应』进行营销，他带着作品拜访了张华、皇甫谧等文坛名人并获认可，这些名人给《三都赋》作序、作注，并在自己的『朋友圈』中宣传，很快，《三都赋》成了爆款，并引发了『洛阳纸贵』，左思一举成名。

但左思依然不得志，便开始宅在家中，不久《娇女诗》横空出世。主人公是左思的两个女儿，诗中写她们白净可人，写她们口齿伶俐、化妆爱美，写她们贪吃食物、任性调皮，活脱脱一副『女儿奴』的模样。这在重男轻女的古代，无疑是一股清流。

左思：丑男作家逆袭后甘为女儿奴

西晋是一个文化程度很高的时代，“洛阳纸贵”可见端倪。引起洛阳纸贵的原因，是一篇名叫《三都赋》的文章，作者是左思。

左思成名之路很坎坷。他出身“寒门”被爹“坑”。左父官至殿中侍御史，才女妹妹左棻嫁入宫中，左家是皇亲国戚，但与王、谢等“名门”相比，只是“寒门”。左思自小学习乐器、胡书和胡琴，但未学成，其父说他“都快成年，学识还不及我小时候”。其二，魏晋极重颜值。《世说新语》记载左思“绝丑”，而好友潘安是美男子。潘安出门如明星巡演，“粉丝”送花、送水果，有“掷果盈车”的美谈。左思十分羡慕，于是“狐假虎威”，和潘安一起逛街，可是被小姐们丢了一堆破砖乱瓦，非常凄惨。

左思郁闷后决定“逆袭”，作一篇《三都赋》争取“一鸣惊人”。于是他疯狂查资料、实地调研，十年苦写，终成大作。左思十分满意，但发表后并未引起轰动。左思想了一下，决定借助“名人效应”进行营销。他带着作品拜访了张华、皇甫谧等文坛名人并获认可，这些名人给《三都赋》作序、作注，并在自己的“朋友圈”中宣传，很快，《三都赋》成了爆款，并引发了“洛阳纸贵”，左思一举成名。

但左思依然不得志，便开始宅在家中，不久《娇女诗》横空出世。主人公是左思的两个女儿，诗中写她们白净可人，写她们口齿伶俐、化妆爱美，写她们贪吃食物、任性调皮，活脱脱一副“女儿奴”的模样。这在重男轻女的古代，无疑是一股清流。

李诡祖演绎"财散人聚"的封神之路

财神，是中国人最熟悉神仙之一，可鲜为人知的是，财神分为"四面八方加中"共九路。其中"东北方向的财神，便是北魏时期的淄博名人——李诡祖。李诡祖的封神之路，演绎了"财散人聚"的处世智慧。李诡祖，生卒年不详，正史中只记录了他在北魏孝文帝时，任曲梁县令及相关事迹，后尽忠职守卒于任上。据史料记载，当时正值战乱，百姓流离失所。李诡祖管辖的曲梁（即今日的河北曲周），恰好处于战事的中心，不少逃难的百姓流亡至此。其他县都忙着驱赶流民，李诡祖却自掏腰包收抚流民，并且对曲周百姓敦行教化，使其不要排斥流民。据说，李诡祖不仅把每月俸禄拿出来买粮食分给百姓，甚至还把自己官府可卖之物都卖掉，为流民建临时住所。待战事停歇，有些流民留在了曲梁，在家中为李诡祖立了长生牌位；有些流民返回家乡或再往南走，把李诡祖的事迹一路传扬。于是，有人说他是太白金星转世，有人说他是有数不尽的钱财，还有人说他就是财神下凡来救苦救难。李诡祖去世后，百姓感怀其恩德，为其建庙供奉。后世对李诡祖的传说有增无减，直到将其封为财神。李诡祖生前仅仅是个县令，却因为廉政爱民，舍得给百姓花钱，而收获了万众人心。有人说，与其说封神之路修的是造化，不如说修的是百姓口碑。

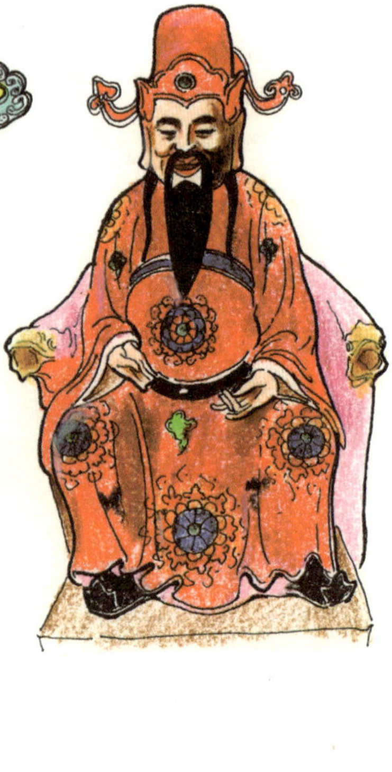

李诡祖演绎“财散人聚”的封神之路

财神，是中国人最熟悉的神仙之一，可鲜为人知的是，财神分为“四面八方加一中”共九路。其中“东北”方向的财神，便是北魏时期的淄博名人——李诡祖。李诡祖的封神之路，演绎了“财散人聚”的处世智慧。

李诡祖，生卒年不详，正史中只记录了他在北魏孝文帝时，任曲梁县令及相关事迹，后尽忠职守卒于任上。据史料记载，当时正值战乱，百姓流离失所。李诡祖管辖的曲梁（今日的河北曲周），恰好处于战事的中心，不少逃难的百姓流亡至此。其他县都忙着驱赶流民，李诡祖却自掏腰包收抚流民，并且对曲周百姓敦行教化，使其不要排斥流民。据说，李诡祖不仅把每月俸禄拿出来买粮食分给百姓，还把自己官府可卖之物都卖掉，为流民建临时住所。待战事停歇，有些流民留在了曲梁，在家中为李诡祖立了长生牌位；有些流民返回家乡或再往南走，把李诡祖的事迹一路传扬。于是，有人说他是太白金星转世，有人说他有散不尽的钱财，还有人说他就是财神下凡来救苦救难。李诡祖去世后，百姓感怀其恩德，为其建庙供奉。后世对李诡祖的传说有增无减，直到将其封为财神。

李诡祖生前仅仅是个县令，却因为廉政爱民，舍得给百姓花钱，而收获了万众人心。有人说，与其说封神之路修的是造化，不如说修的是百姓口碑。

小贴士：

各路财神	拜祀方位	别称
王亥	中路财神	华商始祖、文财神
比干	东路财神	文曲星、子干、文财神
柴荣	南路财神	天财星君、柴王爷、君财神
关羽	西路财神	关公、武圣、武财神
赵公明	北路财神	赵玄坛、赵公元帅、武财神
子贡	西南财神	子贡、文财神
李诡祖	东北财神	财帛星君、文财神
范蠡	东南财神	陶朱公、文财神
刘海蟾	西北财神	刘海、文财神

王渔洋：『一代正宗』与『朋友圈达人』

诗似乎是唐朝的『特产』，人们对清诗几乎无特别印象。世人普遍认为，小说是清代的文学成就代表，如《红楼梦》《聊斋志异》等。实际上，清诗在中国传统诗歌史上占据重要地位，在胡怀琛先生著作《中国八大诗人》中，继屈、陶、李、杜、白、苏、陆之后，位列第八的就是清初诗人王渔洋。王渔洋原名王士禛，号渔洋山人，今山东桓台县人。他是清初杰出的诗人，以秋柳诗崭露头角，也是神韵诗论的倡导者。他还是一位二品官员，官至刑部尚书。历代诗人兼诗论家能够身居如此高位者并不多。乾隆皇帝曾与人论诗：『士禛以诗被遇，清和粹美，蔚为一代正宗。』如果大家对王渔洋相对陌生，那么对他的朋友圈应该熟悉——官场、文坛的『大V』齐在于此。其中最大的『大V』当然是康熙大帝了。另有陈廷敬、李光地、张廷玉等人。诗友群中的『大咖』也比比皆是：蒲松龄、孔尚任、顾炎武等皆在其列。其中在蒲松龄落魄之时，王渔洋没少提携他。同时，王渔洋爱好户外旅游，且对发『朋友圈』形成了自己的一套经验：每到景色极佳处旅游，王渔洋便赋诗首或者写游记来『晒』，然后再来一张『自拍』。王渔洋不甚擅长『摆拍』，他委托好友著名宫廷画师禹之鼎为其作画，在画中王渔洋装扮过农夫『带经而锄』，扮演过僧人修禅，扮演过琴士『幽篁坐啸』，俨然古代的《vogue》秀。这些画作，都跟王渔洋倡导的诗论诗风精神相通。王渔洋在诗坛造诣高，为官清廉，交友豪爽，不趋利，会玩有情趣，真是人生赢家。

王渔洋

王渔洋：“一代正宗”与“朋友圈达人”

诗似乎是唐朝的“特产”，人们对清诗几乎无特别印象。世人普遍认为，小说是清代的文学成就代表，如《红楼梦》《聊斋志异》等。实际上，清诗在中国传统诗歌史上占据重要地位，在胡怀琛先生著作《中国八大诗人》中，继屈、陶、李、杜、白、苏、陆之后，位列第八的就是清初诗人王渔洋。

王渔洋原名王士禛，号渔洋山人，今山东桓台县人。他是清初杰出的诗人，以秋柳诗崭露头角，也是神韵诗论的倡导者。他还是一位二品官员，官至刑部尚书，历代诗人兼诗论家能够身居如此高位者并不多。乾隆皇帝曾与人论诗，“士禛以诗被遇，清和粹美，蔚为一代正宗”。

如果大家对王渔洋相对陌生，那么对他的朋友圈一定熟悉——官场、文坛的“大V”尽在于此。其中最大的“大V”当然是康熙大帝了，另有陈廷敬、李光地、张廷玉等人。诗友群中的“大咖”也比比皆是，蒲松龄、孔尚任、顾炎武等皆在其列，其中在蒲松龄落魄之时王渔洋没少提携他。同时，王渔洋爱好户外旅游，且对发“朋友圈”形成了自己的一套经验，每到景色极佳处旅游，王渔洋便赋诗一首或者写游记来“晒”，然后再来一张“自拍”。王渔洋尤其擅长“摆拍”，他委托好友、著名宫廷画师禹之鼎为其作画。在画中，王渔洋装扮过农夫“带经而锄”，扮演过僧人修禅，扮演过琴士“幽篁坐啸”，俨然古代的cosplay（角色扮演）秀。这些画作，都跟王渔洋倡导的诗论诗风精神相通。

王渔洋在诗坛造诣高，为官清廉，交友豪爽不势利，会玩有情趣，真是人生赢家。

蒲松龄：考试紧张写错答题卡

『写鬼写妖高人一等，刺贪刺虐入骨三分』。郭沫若给予蒲松龄莫高的评价，却只是赞叹《聊斋志异》的魅力，有意无意地避开了他苦于功名的一生。蒲松龄十九岁接连考取县、府、道三个第一，名震乡县，却直到七十一岁才及第贡生。其中，他最有把握考中的一次，因为太紧张而填错了答题卡！

清康熙二十七年，蒲松龄四十八岁，他又一次坐在考场上。打开试卷，看到题目后，蒲松龄眼前一亮：太简单了！蒲松龄认为是上天的眷顾，他提笔研墨，胸中有千壑，下笔如有神，在答题纸上洋洋洒洒写开来。但，就在他写到最后一张纸时，赫然发现少了一张答题纸，回头检查，天都要塌了——他『越幅』了。清代考八股文规范严格，每页纸写十二行，每行写二十五个字，而且必须按照页码答题。蒲松龄太紧张，或者说太兴奋，他翻第一页答题纸时连第二页一同翻过，把原本应写在第二页的答案写在了第三页，隔了一幅即为『越幅』。简单来说，蒲松龄填错答题卡了。但考试是没有备用答题卡的，犯这样的错不但要取消考试资格，还要张榜公布，让同窗耻笑。

常言道『艺术来源于生活又高于生活』，文学又何尝不是如此。《聊斋志异》中《王子安》《郭秀才》《冷生》等作品，应当都是蒲松龄把自身经历融于故事中而来的。

蒲松龄：考试紧张写错答题卡

“写鬼写妖高人一等，刺贪刺虐入骨三分。”郭沫若给予蒲松龄莫高的评价，赞叹《聊斋志异》的魅力，有意无意地避开了他苦于功名的一生。蒲松龄十九岁接连考取县、府、道三个第一，名震乡县，却直到七十一岁才及第贡生。其中，他最有把握考中的一次，因为太紧张而填错了答题卡！

清康熙二十七年，蒲松龄四十八岁，他又一次坐在考场上。打开试卷，看到题目后蒲松龄眼前一亮：太简单了！蒲松龄认为是上天的眷顾，他提笔研墨，胸中有千壑，下笔如有神，在答题纸上洋洋洒洒写开来。但就在他写到最后一张纸时，赫然发现少了一张答题纸。回头检查，天都要塌了——他“越幅”了。清代考八股文规范严格，每页纸写十二行，每行写二十五个字，而且必须按照页码答题。蒲松龄太紧张，或者说太兴奋，他翻第一页答题纸时连第二页一同翻过，把原本应写在第二页的答案写在了第三页，隔了一幅，即“越幅”。简单来说，蒲松龄填错答题卡了。但考试是没有备用答题卡的，犯这样的错不但要被取消考试资格，还要张榜公布让同窗耻笑。

常言道，“艺术来源于生活又高于生活”，文学又何尝不是如此。《聊斋志异》中《王子安》《郭秀才》《冷生》等作品，应当都是蒲松龄把自身经历融于故事中而来的。

赵执信：世界那么大 我要去看看

历史上康乾盛世时期，歌功颂德、阿谀奉承的人比比皆是，但唯独有那么一位现实主义诗人，他不去虚情假意地迎合盛世，也不妥协于统治诗坛百年之久的"神韵说"，而是以自己的所见所闻，直击社会弊病和人间疾苦，他就是赵执信。

赵执信，今博山人，出身名门，童年时期便展现出过人的才能，九岁写文章"以奇语惊其长老"。二十五岁便任右春坊右赞善兼翰林院检讨，早年十分顺遂。二十八岁时，因在康熙佟皇后丧葬期间观看洪昇的《长生殿》而被弹劾，遂离开官场，开始了浪迹江湖看世界的三十多年时光。

东至黄海，西到嵩山，南达广州，北至天津，赵执信的足迹遍布了大江南北，他访朋会友，问道自然，深入社会，接近人民。他关注"盛世"之中的百姓生活，关注哪里有盗贼，哪里有暴动，然后将其所见所思作于诗中，写出了大量现实主义诗篇。如反映虫灾的《纪蝗》、水灾的《大堤叹》、农民暴动的《氓入城行》等。赵执信的诗讲究"诗之中须有人在，诗之外尚有事在"，笔墨厚重、深沉冷峻、老辣，这也使他的诗具有着长久的生命力，尽显文人风骨。

"可怜一曲长生殿，断送功名到白头。"赵执信通往荣华富贵的道路被阻断，却使清代诗坛多了一名闪耀着现实主义光辉的优秀诗人。

赵执信：世界那么大，我要去看看

历史上“康乾盛世”时期，歌功颂德、阿谀奉承的人比比皆是，但唯独有那么一位现实主义诗人，他不去虚情假意地迎合盛世，也不妥协于统治诗坛百年之久的“神韵说”，而是以自己的所见所闻直击社会弊病和人间疾苦，他就是赵执信（shēn）。

赵执信，今博山人，出身名门，童年时期便展现出过人的才能，九岁写文章“以奇语惊其长老”，二十五岁便任右春坊右赞善兼翰林院检讨，早年十分顺遂。二十八岁时，因在康熙佟皇后丧葬期间观看洪昇的《长生殿》而被弹劾，遂离开官场，开始了浪迹江湖看世界的三十多年时光。

东至黄海，西到嵩山，南达广州，北至天津，赵执信的足迹遍布了大江南北，他访朋会友、问道自然，深入社会、接近人民。他关注“盛世”之中的百姓生活，关注哪里有盗贼、哪里有暴动，然后将其所见所思作于诗中，写出了大量的现实主义诗篇。如反映虫灾的《纪蝗》、水灾的《大堤叹》、农民暴动的《氓入城行》等。赵执信的诗讲究“诗之中须有人在”“诗之外尚有事在”，笔墨厚重、深沉、冷峻、老辣，这也使他的诗具有着长久的生命力，尽显文人风骨。

“可怜一曲长生殿，断送功名到白头”。赵执信通往荣华富贵的道路被阻断，却使清代诗坛多了一名闪耀着现实主义光辉的优秀诗人。

书生司令马耀南

黑铁山，位于淄博市张店区卫固镇东南，虽不是什么名山，却是一个有英雄、有故事的地方。"黑铁山起义"是山东省最早的抗日武装起义之一，其中重要的领导者就是马耀南。

马耀南出生于书香世家。从七岁开始上学，他一直是优等生，后来考入天津北洋大学机械工程学专业。马耀南不是"书呆子"，他时刻关心国家时局，与进步同学一起投身抗日活动。他一开始加入了国民党，后因不满国民党的腐败统治而参与反蒋活动，结果被开除国民党党籍，还被通缉。马耀南遂回到家乡淄博，做了长山中学的校长，试图"教育救国"。

然而"七七事变"爆发了，马耀南万分愤慨，表示"全国已入血战状态"，自顾尚在此安逸消闲，能不愧死？"于是毅然走上了抗战之路。后来，中共山东省委在长山中学成立了党小组，马耀南表示"愿尽自己的力量，通过学生教员发动抗战，愿意接受共产党的领导"。

一九三七年十二月，马耀南作为重要人物领导了"黑铁山武装抗日起义"，后成为八路军山东纵队第三支队司令员，并加入中国共产党。马耀南率军多次与日军交战，重创敌军。一九三九年，马耀南在桓台牛王庄战斗中与日军拼尽了最后一颗子弹，壮烈殉国，年仅三十七岁。

书生司令马耀南

黑铁山，位于淄博市张店区卫固镇东南，虽不是什么名山，却是一个有英雄、有故事的地方。“黑铁山起义”是山东省最早的抗日武装起义之一，其中重要的领导者就是马耀南。

马耀南出生于书香世家。从七岁开始上学，他一直是优等生，后来考入天津北洋大学机械工程学专业。马耀南不是“书呆子”，他时刻关心国家时局，与进步同学一起投身抗日活动。他一开始加入了国民党，后因不满国民党的腐败统治而参与反蒋活动，结果被开除国民党党籍，还被通缉。马耀南遂回到家乡淄博，做了长山中学的校长，试图“教育救国”。

然而“七七事变”爆发了，马耀南万分愤慨，表示“全国已入血战状态，自顾尚在此安逸消闲，能不愧死？”于是毅然走上了抗战之路。后来，中共山东省委在长山中学成立了党小组，马耀南表示“愿尽自己的力量，通过学生、教员发动抗战，愿意接受共产党的领导”。1937年12月，马耀南作为重要人物领导了“黑铁山武装抗日起义”，后成为八路军山东纵队第三支队司令员，并加入中国共产党。马耀南率军多次与日军交战，重创敌军。1939年，马耀南在桓台牛王庄战斗中与日军拼尽了最后一颗子弹，壮烈殉国，年仅37岁。

“一马三司令，得了抗日病。专打日本鬼，保护老百姓。”这首民谣在当地广为传颂。马耀南的两个弟弟也在抗战中牺牲，马家三兄弟崇高的爱国精神影响了一代又一代人。

焦裕禄被迫离乡

为人民而死，虽死犹荣！这是毛主席对焦裕禄同志的评语，寥寥数字仿佛能让人看到焦裕禄一生为人民服务的身影。作为淄博的骄傲，焦裕禄时常怀念着家乡。从他工作中的记录里不难看出，每当回忆起第一次被迫离乡的往事，总会有些伤怀。一九四二年六月，未满二十岁的焦裕禄还沉浸在父亲去世的悲痛中。某天早饭过后，焦裕禄准备

出门，刚好遇到汉奸带着日军在村里抓人。焦裕禄被抓了起来，然后被送到宪兵队。据焦裕禄回忆，在被抓的第二个晚上，汉奸和伪军开始用酷刑审问他，遭受非人的折磨。

农历腊月，焦裕禄和其他狱友被转移到张店宪兵队，经过简单培训和体检之后，被送去抚顺大山坑煤窑。当时已近春节，正是阖家团圆迎新贺岁的日子，在这样一个时间被迫离开家乡，焦裕禄心中五味杂陈。

一九四三年六月，焦裕禄从煤窑逃脱。近一年的艰苦生活加上背井离乡，让焦裕禄内心更加坚毅。在日后为人民服务的工作中，焦裕禄从来不知道什么是苦，什么是累。他希望通过自己的努力，让更多的乡亲们过上好日子。

焦裕禄被迫离乡

为人民而死，虽死犹荣！

这是毛主席对焦裕禄同志的评语，寥寥数字仿佛能让人看到焦裕禄一生为人民服务的身影。作为淄博的骄傲，焦裕禄时常怀念着家乡。从他工作中的记录里不难看出，每当回忆起第一次被迫离乡的往事，总会有些伤怀。

1942年6月，未满20岁的焦裕禄还沉浸在父亲去世的悲痛中。某天早饭过后，焦裕禄准备出门，刚好遇到汉奸带着日军在村里抓人。焦裕禄被抓了起来，然后被送到宪兵队。据焦裕禄回忆，在被抓的第二个晚上，汉奸和伪军开始用酷刑审问他，使他遭受非人的折磨。

农历腊月，焦裕禄和其他狱友被转移到张店宪兵队，经过简单培训和体检之后，被送去抚顺大山坑煤窑。当时已近春节，正是阖家团圆迎新贺岁的日子，在这样一个时间被迫离开家乡，焦裕禄心中五味杂陈。

1943年6月，焦裕禄从煤窑逃脱。近一年的艰苦生活加上背井离乡，让焦裕禄内心更加坚毅。在日后为人民服务的工作中，焦裕禄从来不知道什么是苦，什么是累。他希望通过自己的努力，让更多的乡亲过上好日子。

淄博城事绘后记

在四五十万年前，沂源猿人在鲁山之阳开始了直立之途。勤劳的先人们用自己的双手和智慧，创造了后李文化—北辛文化—大汶口文化—龙山文化—岳石文化的新石器时代文明序列。从公元前八五九年开始，临淄作为先秦齐国和两汉齐国的『海岱都会』，持续了一千多年的历史，这实属罕见。之后的数千年，淄博地区没有统一的地方行政建制。二十世纪二十年代初，淄博作为地域名称出现，是对淄川、博山两地的合称。之后，淄博又经历了特区时代，最终在一九五五年成为淄博市。而五区三县行政区域最终确定于二十世纪九十年代，开创出山东省少有的组群式城市发展新格局。

淄博作为齐文化的发祥地，在汤汤淄河与巍巍牛山之间，演绎出『变革、开放、务实、包容』为特色的齐文化画卷。太公封齐，因俗简礼，兴渔盐之利；管仲为相，助桓公称霸；圣人在此闻韶，邂逅了理想的国度，韶乐与蹴鞠，相得益彰。稷下学宫，与西方柏拉图学园齐名的东方第一学府，吸引了淳于髡、荀子等在此百家争鸣；俊彦辈出中，《考工记》《管子》《晏子春秋》《孙子兵法》《齐民要术》等文明成果恣肆汪洋。齐国故城遗址为代表的齐文化遗址遗存之多，又使淄博有『地下博物馆』之美誉。

淄博还是丝绸之路的起点之一。淄博琉璃，元代兴，明清盛；淄博陶瓷，万年历史，被誉为『当代国窑』。历经百年的近代工业发展后，淄博如今是一个工业经济总量过万亿的城市，还是全国首个『新材料名都』，在二〇二六年全国城市综合竞争力排名中位居第三十四位，尽显『泱泱齐风，陶韵淄博』之风范。

淄博·城事绘·后记

在四五十万年前，沂源猿人在鲁山之阳开始了直立之途。勤劳的先人们用自己的双手和智慧，创造了后李文化——北辛文化——大汶口文化——龙山文化——岳石文化的新石器时代文明序列。从公元前859年开始，临淄作为先秦齐国和两汉齐国的“海岱都会”，持续了一千多年的历史，这实属罕见。之后的数千年，淄博地区没有统一的地方行政建制。20世纪20年代初，淄博作为地域名称出现，是对淄川、博山两地的合称。之后，淄博又经历了特区时代，最终在1955年成为淄博市，而五区三县行政区域最终确定于20世纪90年代，开创出山东省少有的组群式城市发展新格局。

淄博，作为齐文化的发祥地，在汤汤淄河与巍巍牛山之间，演绎出“变革、开放、务实、包容”为特色的齐文化画卷。太公封齐，因俗简礼，兴渔盐之利；管仲为相，助桓公称霸；圣人在此闻韶，邂逅了理想的国度；韶乐与蹴鞠，相得益彰。稷下学宫，与西方柏拉图学园齐名的东方第一学府，吸引了淳于髡、荀子等在此百家争鸣；俊彦辈出中，《考工记》《管子》《晏子春秋》《孙子兵法》《齐民要术》等文明成果恣肆汪洋。齐国故城遗址为代表的齐文化遗址遗存之多，又使淄博有“地下博物馆”之美誉。

淄博还是丝绸之路的起点之一，淄博琉璃，元代兴，明清盛；淄博陶瓷，万年历史，被誉为“当代国窑”。历经百年的近现代工业发展后，淄博如今是一个工业经济总量过万亿的城市，还是全国首个“新材料名都”。在2016年全国城市综合竞争力排名中位居第34位，尽显“泱泱齐风，陶韵淄博”之风范。

改革创新，未来长远。新时代的淄博将继续传承祖先变革与开放的基因，因天时，就地利，脚踏实地，仰望星空，谱写大美新淄博的华章。